中知认证系列丛书

《高等学校知识产权管理规范》
理解与实施

中知（北京）认证有限公司 / 组织编写

余 平 / 主编

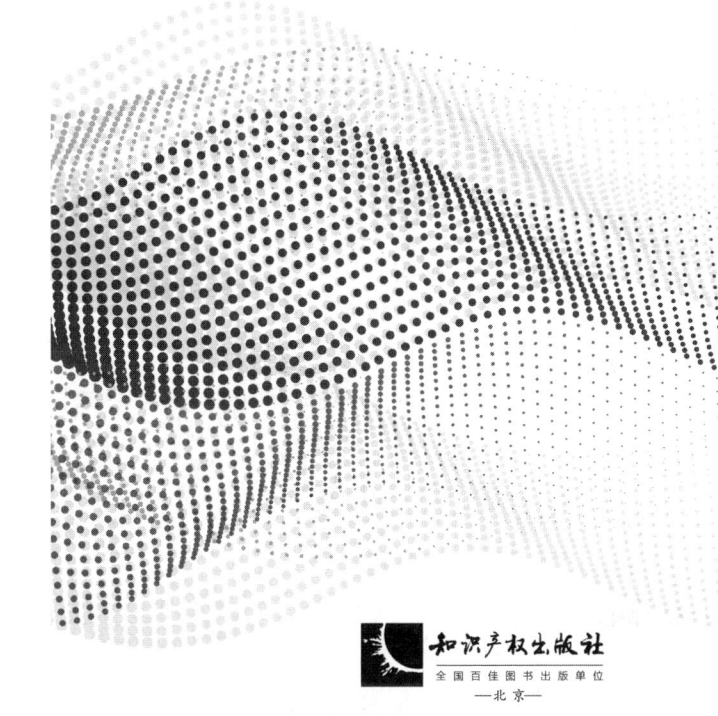

知识产权出版社
全国百佳图书出版单位
—北京—

图书在版编目（CIP）数据

《高等学校知识产权管理规范》理解与实施／余平主编 .—北京：知识产权出版社，2020.8

（中知认证系列丛书）

ISBN 978-7-5130-7056-0

Ⅰ.①高… Ⅱ.①余… Ⅲ.①高等学校—知识产权—管理规范—研究—中国 Ⅳ.①D923.404

中国版本图书馆 CIP 数据核字（2020）第 133131 号

责任编辑：刘 睿 邓 莹 刘 江　　　　责任校对：潘凤越
封面设计：博华创意・张冀　　　　　　　责任印制：刘译文

中知认证系列丛书

《高等学校知识产权管理规范》理解与实施

中知（北京）认证有限公司　组织编写

余 平　主编

出版发行：知识产权出版社 有限责任公司	网　　址：http://www.ipph.cn
社　　址：北京市海淀区气象路 50 号院	邮　　编：100081
责编电话：010-82000860 转 8346	责编邮箱：dengying@cnipr.com
发行电话：010-82000860 转 8101/8102	发行传真：010-82000893/82005070/82000270
印　　刷：天津嘉恒印务有限公司	经　　销：各大网上书店、新华书店及相关专业书店
开　　本：720mm×960mm　1/16	印　　张：11
版　　次：2020 年 8 月第 1 版	印　　次：2020 年 8 月第 1 次印刷
字　　数：160 千字	定　　价：48.00 元
ISBN 978-7-5130-7056-0	

出版权专有　侵权必究

如有印装质量问题，本社负责调换。

《中知认证系列丛书》编委会

主　任　马维野

副主任　何旭文　余　平

委　员（按姓氏拼音排序）

成　胤	葛　飞	郭志萍	胡　炜
胡晓煜	贾玉岗	雷　蕾	李　超
李文辉	李　曦	李永光	刘　鹤
刘　鑫	马全亮	马曙辉	穆旭东
乔文龙	盛　兴	苏慎之	孙际宾
田永生	王　东	王海涛	王健琳
王立东	王启飞	王卫军	温振宁
邢文超	颜晓元	杨丽萍	杨　洋
尤　嬿	张芝君	章洪流	赵国峰
赵　佳	赵　星	周　媛	

《〈高等学校知识产权管理规范〉理解与实施》编写组

主　编　余　平
副主编　章洪流　雷　蕾　穆旭东
撰　写　(按章节排序)
　　　　雷　蕾　章洪流　穆旭东　李永光
　　　　费　英　李奇芬　王　啸
审　稿　余　平　苏慎之

序

2008年，国务院颁布《国家知识产权战略纲要》，明确提出到2020年把我国建设成为知识产权创造、运用、保护和管理水平较高的国家。国家知识产权战略是继科教兴国战略、人才强国战略之后第三个国家战略。《国家知识产权战略纲要》颁布十余年来，特别是党的十八大以来，在以习近平同志为核心的党中央的高度重视和亲切关怀下，我国知识产权事业取得了举世瞩目的成就，知识产权大国地位牢固确立。习近平总书记深刻指出，加强知识产权保护，是完善产权保护制度最重要的内容。2019年国务院《政府工作报告》也明确提到，要全面加强知识产权保护，健全知识产权侵权惩罚性赔偿制度，促进发明创造和转化运用。

为帮助企业全面落实国家知识产权战略精神，指导企业建立科学、系统、规范的知识产权管理体系，促进企业自主创新能力和知识产权运用水平的不断提高，逐步实现把知识产权融入企业生产经营的各个环节，我国首部知识产权管理国家标准《企业知识产权管理规范》（GB/T 29490—2013）于2013年3月1日正式颁布实施。该标准由国家知识产权局起草制定，国家质量监督检验检疫总局、国家标准化管理委员会批准颁布，其问世标志着我国企业知识产权规范化管理的大门正式开启。

随后，《科研组织知识产权管理规范》（GB/T 33250—2016）、《高等学校知识产权管理规范》（GB/T 33251—2016）相继实施。由中央军委装备发展部国防知识产权局为主起草编制的《装备承制单位知识产权管理要求》（GJB 9158—2017）于2017年12月1日起实施。我国知识产权管理领域的国家标准体系得到进一步拓展和发展。

与此同时，在国家知识产权局（CNIPA）和国家认证认可监督管理委员会（CNCA）等部门的推动下，知识产权管理体系认证工作也由起步阶段到稳步发展。2014年4月11日，中国专利保护协会旗下的中知（北京）认证有限公司（以下简称"中知公司"）作为全国首家经国家认证认可监督管理委员会（CNCA）批准的知识产权认证机构正式成立，自此拉开了知识产权认证工作的帷幕。中知公司依托中国专利保护协会深厚的行业背景和资源，专注耕耘知识产权认证工作6年有余，完成近2万家创新主体的知识产权管理体系认证服务，不断深化对知识产权领域系列国家标准的理解和认识，积累了丰富的知识产权认证经验，得到社会各界的高度认可。

孟子云，"独乐乐不如众乐乐"。让更多的人了解知识产权规范化管理的魅力，让更多的创新主体通过知识产权规范化管理获取更高的飞跃一直是中知公司的目标。故此，中知公司策划了中知认证系列丛书，分别为：《通往标准之路——企业知识产权标准化管理宝典》《〈企业知识产权管理规范〉审核要点与案例解析》《〈科研组织知识产权管理规范〉理解与实施》《〈高等学校知识产权管理规范〉理解与实施》《〈装备承制单位知识产权管理要求〉解析与应用》。

本套丛书内容不仅包括知识产权领域系列国家标准的条款解读、实施建议、体系建立、审核要点等方面，而且结合标准推行和认证过程中的相关案例，以理论与实务相结合的视角，对知识产权管理体系系列国家标准及实施进行全面详细的解读。希望这套饱含诚意的丛书能够成为广大读者了解知识产权规范化管理的入门读物，成为大家踏上知识产权管理体系阶梯的垫脚石。

中国专利保护协会副会长兼秘书长

前　言

2008年发布的《国家知识产权战略纲要》将知识产权战略与科教兴国战略、人才强国战略并列，作为国家的三大战略之一，并明确指出："我国正站在新的历史起点上，大力开发和利用知识产权资源，对于转变经济发展方式，缓解资源环境约束，提升国家核心竞争力，满足人民群众日益增长的物质文化需要，具有重大战略意义。"纲要实施十多年来，在支撑政治、经济、文化发展等方面成果丰硕。为全面提升高等学校专利质量，强化高价值专利的创造、运用和管理，更好地发挥高等学校服务经济社会发展的重要作用，2020年2月3日，教育部、国家知识产权局、科技部联合发布《关于提高高等学校专利质量促进转化运用的若干意见》（教科技〔2020〕1号），明确要求全面提升高等学校专利创造质量、运用效益、管理水平和服务能力，推动科技创新和学科建设取得新进展，同时将完善高等学校知识产权管理体系作为重点工作任务之一，提出高等学校要积极贯彻《高等学校知识产权管理规范》（GB/T 33251—2016）（以下简称《高等学校知识产权管理规范》或本标准），支撑教育强国、科技强国和知识产权强国建设。

高等学校知识产权的规范化管理，也是国家知识产权战略的内容之一。由国家知识产权局提出，国家知识产权局联合教育部和中国标准化研究院共同起草，并于2016年12月13日，由中华人民共和国国家质量监督检验检疫总局和中国国家标准化管理委员会共同发布《高等学校知识产权管理规范》。本标准根据高等学校知识产权的获取、运用和保护的管理需求以及高等学校的工作机制，提出建立一套完整的知识产权管理体系，并全面规范体系运行及相关活动，促进和完善高等学校的知识产权管理。

中知（北京）认证有限公司作为全国首家知识产权管理体系认证机构，是最早实施《企业知识产权管理规范》（GB/T 29490—2013）（以下简称《企业知识产权管理规范》）认证的践行者，在积累大量知识产权管理体系认证审核经验的基础上，组织专业团队对《高等学校知识产权管理规范》进行深入解读。本书立足于高等学校知识产权的获取、运用和保护的管理需求以及高等学校工作机制等特点，全面分析高等学校知识产权管理的现状和标准制定的背景，详细解读标准条款的内涵和审核实施要点，对高等学校开展知识产权管理体系贯标认证工作具有重要的参考意义。在这里，我们也希望有更多的部门、行业、高等学校及社会各界对高等学校知识产权管理体系建设给予关注和支持，不断推动高等学校知识产权管理进一步完善和实施，促进高等学校知识产权创造、运用和保护能力不断提升。

受各方条件所限，加之编者水平有限，本书谬误之处在所难免，恳请广大读者批评指正。

目 录

第一章 《高等学校知识产权管理规范》编制背景 …………………（1）
　第一节　高等学校知识产权管理理论基础 ……………………（1）
　第二节　高等学校知识产权管理现状 …………………………（5）
　第三节　高等学校知识产权管理体系认证 ……………………（23）

第二章 《高等学校知识产权管理规范》基础知识 ………………（29）
　第一节　《高等学校知识产权管理规范》简介 …………………（29）
　第二节　知识产权管理体系基础 ………………………………（34）
　第三节　《高等学校知识产权管理规范》的术语和定义 ………（38）

第三章 《高等学校知识产权管理规范》条款解读 ………………（43）
　第一节　文件管理 ………………………………………………（43）
　第二节　组织管理 ………………………………………………（49）
　第三节　资源管理 ………………………………………………（59）
　第四节　知识产权获取 …………………………………………（70）
　第五节　知识产权运用 …………………………………………（80）
　第六节　知识产权保护 …………………………………………（85）
　第七节　检查和改进 ……………………………………………（89）

第四章 《高等学校知识产权管理规范》审核要点 ………………（95）
　第一节　文件管理 ………………………………………………（95）
　第二节　组织管理 ………………………………………………（98）
　第三节　资源管理 ………………………………………………（107）

第四节　知识产权获取 …………………………………（117）
　　第五节　知识产权运用 …………………………………（125）
　　第六节　知识产权保护 …………………………………（131）
　　第七节　检查和改进 ……………………………………（134）
第五章　上海电力大学知识产权管理体系建设良好案例 ………（137）
主要参考文献 …………………………………………………（145）
附录　高等学校知识产权管理相关文件摘录汇编 ……………（147）

第一章 《高等学校知识产权管理规范》编制背景

随着全球知识经济和经济一体化的深化发展，所有的竞争都将转变为知识的竞争，即获取知识、运用知识以及创新知识的竞争，其中最核心的是创新知识的竞争。知识创新归根结底是在技术创新过程中将所获取的创新知识转化为知识产权。

高等学校作为知识生产和技术创新的重要生长点和集聚地，是培养高层次创新人才的重要基地，更是国家创新体系的重要组成部分。高等学校的知识产权管理、保护和运营水平直接关系到社会经济和科技的发展。

第一节 高等学校知识产权管理理论基础

一、高等学校知识产权管理的客体

张玉敏教授在其主编的《知识产权法》中对知识产权定义如下：知识产权是民事主体依据法律的规定享有的，支配其所有的蕴涵人的创造并具有商业价值的信息，享受其利益并排斥他人干涉的权利。[1] 这一定义明确了知识产权的保护对象是信息，这种信息不是自然信息，而是蕴涵人的智慧和创造的一种人化的信息。高等学校是创造知识产权的重要来

---

[1] 张玉敏.知识产权法学[M].北京：法律出版社，2005：18.

源地之一，根据《国家高技术研究发展计划知识产权管理办法（试行）》的规定，科技成果的知识产权包括专利申请权、专利权、专利实施权、非专利技术的使用权和转让权、著作权（版权）以及发现权、发明权和其他科技成果权。

高等学校的知识产权范围涵盖广泛，其表现形式主要有如下几种。

1. 专利权及相关权利

专利权是由国家专利管理机关授予发明人、设计人或者所在单位对发明创造在一定期限内享有的专有权。高等学校的专利权及相关权利主要是指，高等学校师生在科学研究活动中研发获得的或正在申请的技术，经国家知识产权局审查并授权公告的发明、实用新型和外观设计。

2. 商标权

商标权是商标注册人对其注册商标所享有的权利。高等学校的商标权主要是指，高等学校对校名、校徽、校办产业、合作企业等注册商标享有的占有、使用、收益和处置的权利。

3. 技术秘密和商业秘密

技术秘密和商业秘密是指不为公众所熟悉，具有实用性并能带来经济利益的，更重要的是采取了保密措施的技术信息和经营信息。高等学校的技术秘密主要是指，高等院校师生研究开发的新产品、新材料、新配方、新设计、新工艺或者某领域的特定知识、经验和技巧等信息内容。[1]

4. 著作权及其邻接权

著作权指基于文学、艺术和科学作品依法产生的权利，邻接权是指作品传播者对其传播作品过程中所作出的创造性劳动和投资所享有的权利。高等学校著作权及其邻接权主要是指教学、科研活动中涉及的教材、著作、论文、科研报告、计算机软件、设计图纸、文艺作品、录音录像制品等。

---

[1] 李卓梅. 浅谈高校知识产权内容及其表现特点[J]. 现代教育论丛, 2004 (6): 28.

5. 高等学校的校标和各种服务标记

高等学校的校标和各种服务标记是指高等学校的校徽、标志性建筑物等在学校发展过程中形成并在社会中得到认知、附有公信力的无形资产。

6. 其他知识产权

依照国家法律法规或者依法由合同约定，由高等学校享有或者持有的其他知识产权。其主要是指在合作研究、委托开发以及研究成果产业化过程中，由合同明确的权利。

二、高等学校知识产权的基本特征

高等学校作为科技创新主体，其知识产权范围之广泛，决定了其知识产权管理不同于企业或其他创新主体的知识产权管理，有其独有的特点。

1. 智力成果的多样性

高等学校专业学科门类齐全、机构层次丰富，各学科之间互相交流、渗透，产生新的学术思想和科学成果，这些智力成果可以以学术论文、著作、计算机软件、工程设计、产品设计等的著作形式呈现，也可以以新技术、新产品、新材料、新工艺流程等专利技术或者技术秘密、商业秘密形式呈现。

2. 权利主体的复杂性

高等学校在基础研究或者纵向课题上，会投入大量的人力、物力、资金、设备，一个课题或者一个项目往往参与者众多，发明人之间、发明人与其所在单位之间的关系，各权利主体之间权利分配的约定等因素造就了权利主体的复杂性。

3. 学科管理的综合性

多学科全面发展的发展策略，使得高等学校知识产权管理工作覆盖面广，涉及文、理、工、医、经、管等不同学科的交叉。知识产权管理的综合性也对知识产权管理人员的综合素质及专业能力提出更高要求。

4. 成果转化是核心

高等学校不同于其他创新主体，教学与科研互动是其主旋律，教学与科研是手段，培养人才和创造知识是目的。在这个主旋律下，高等学校知识产权管理的工作重点在于通过规划指导、组织落实、优化管理模式达到提高科研起点，引导科研方向，形成研究重点，调动、组织和协调研究力量，形成高质高量的知识产权、促进成果转化和知识利用，促进学校发展和社会发展。因而，高等学校知识产权管理的核心在于通过技术转移、成果转化将其创新成果产品化、产业化，从而将科技转化为现实生产力，其知识产权管理水平直接关系到科技创新能力提升和科技成果保护的效果。

三、高等学校知识产权管理基本原则

1. 教学与科研并进原则❶

2015年8月18日，中央全面深化改革领导小组会议审议通过《统筹推进世界一流大学和一流学科建设总体方案》，对新时期高等教育重点建设做出新部署；"双一流"建设的重点任务有五项，其中两项就是培养拔尖创新人才、突出人才培养的核心地位，提升科学研究水平。这就要求高等学校要从指导思想、确定方向、选择课题、组织实施等方面，教学与科研并进，搞好科研促进教学。高等学校知识产权管理也应服从于此原则之下。

2. 鼓励创新和应用原则

知识产权是国家发展的战略性资源和国际竞争力的核心要素，知识产权制度已经成为当今国际社会公认的激励和保护创新的基本法律制度。高等学校的知识产权管理工作应制定激励机制，调动研究人员的积极性，鼓励创新以促进科技成果产生并形成知识产权，同时将知识产权应用到实践中去。因此，利用知识产权，促进产业发展，应该是高等学校知识

---

❶ 韩兴. 高校知识产权管理标准化问题研究［J］. 南京理工大学学报（社会科学版），2016（1）.

产权管理的重要原则。

3. 利益平衡与激励原则

高等学校知识产权管理应充分平衡校方与研究人员之间的利益关系，平衡科研成果对外转让或者授权使用中形成的商业性关系，平衡产业利益与科学价值之间的利益关系。同时，上述平衡应遵循现行各种法律法规规定，最终达到激励的作用。

第二节　高等学校知识产权管理现状

一、高等学校知识产权管理的法律环境

（一）知识产权国际保护制度

知识产权国际保护制度主要体现在多边国际条约、公约或协定形式，它们是指由两个或两个以上国家或地区参加和签订的约定在参与方、签字方或成员方之间相互提供知识产权保护的双边或多边的国际性法律制度。知识产权保护的国际化，是知识和技术交流日趋全球化的客观需要。在知识产权保护领域，我国不断深入参与知识产权全球治理，从国际规则的遵循者、跟随者转变为参与者、建设者、维护者，并在知识产权国际规则制定中，提出中国方案、贡献中国智慧。

目前，重要的知识产权国际保护制度主要有以下文献。

《保护工业产权巴黎公约》，该公约签订于1883年，标志着知识产权保护国际化的开端，调整对象是工业产权，确立了国民待遇、优先权、独立性、专利强制许可、商标使用、驰名商标扩大保护、展览产品临时保护等重要原则。我国于1985年3月成为其成员。

《保护文学艺术作品伯尔尼公约》，该公约签订于1886年，是关于著作权保护的国际条约，确立了国民待遇、自动保护、独立保护、最低保护限度等基本原则。我国于1992年10月成为其成员。

《与贸易有关的知识产权协定》（TRIPS），该协定签订于1994年，

是世界贸易组织管辖的一项多边贸易协定。TRIPS 协定涵盖绝大多数知识产权类型、规范了知识产权执法标准及执法程序，对侵犯知识产权行为的民事责任、刑事责任以及保护知识产权的边境措施、临时措施等都作了明确规定、引入世界贸易组织的争端解决机制。我国自 2001 年加入世界贸易组织之日起全面实施 TRIPS 协定。

有关专利权保护的国际规则还有《工业品外观设计国际保存海牙协定》《建立工业品外观设计国际分类洛迦诺协定》《专利合作条约》《国际专利分类斯特拉斯堡协定》《国际承认用于专利程序的微生物保存布达佩斯条约》《专利法条约》等。

有关商标权保护的国际规则还有《商标国际注册马德里协定》及其有关议定书、《建立商标图形要素国际分类维也纳协定》《商标注册条约》《商标法条约》及《商标法新加坡条约》等。

有关著作权保护的国际规则还有《世界版权公约》《保护表演者、音像制品制作者和广播组织罗马公约》《保护录音制品录制者防止擅自复制其录音制品日内瓦公约》与《试听作品国际登记条约》《关于播送由人造卫星传播载有节目信号波鲁塞尔公约》《避免对著作权使用费收入重复征税多边条约》《世界知识产权组织版权条约》（WCT）和《世界知识产权组织表演和录音制品条约》（WPPT）等。

其他知识产权国际保护制度还有《集成电路知识产权条约》《多哈宣言》《保护原产地名称及其国际注册里斯本协定》《制止商品产地虚假或欺骗性标记马德里协定》《保护奥林匹克会徽内罗毕条约》《生物多样性公约》《保护植物新品种国际公约》《印刷字体的保护及其国际保存协定》等。

在技术国际化、生产国际化和资本国际化的今天，进行国际科技合作是缩短我国与发达国家技术差距、整合全球资源加快创新的重要途径。高等学校拥有强大的科研实力和创新能力，是国际科技合作的主力军。在"一带一路"背景下，我国的朋友圈不断扩大，目前已与 160 多个国家和地区建立科技合作关系。我国积极致力于加强创新能力开放合作，推动共建"一带一路"创新共同体，拓展与包括"一带一路"国家和地区在内的世界各国的科技创新合作，积极牵头组织和参与国际大科学计划和大科学工程。在上述背景下，高等学校在国际科技合作中大有可为，从人员交流和学术访问、国际学术会议、政府间的科学研究国际合作、国际性双边或多边科学研究项目联合研究、国际项目合作研究到共建联合研究机构或平台等。高等学校以积极的态度广泛参与各种形式的国际科技合作。高等学校在国际科技合作中立足科技创新发展，实现合作共赢的同时，更应重视国家资源、国家机密、知识产权的保护，避免技术秘密、珍贵物种、基因资源材料等知识产权流失。因此，高等学校应高度重视知识产权国际保护制度，熟悉并掌握其游戏规则，为深入实施创新驱动发展战略和"一带一路"建设提供有力的科技支撑。

（二）我国知识产权法律体系

我国知识产权法律体系的建设伴随着改革开放的步伐持续发展。从20世纪80年代到90年代初，我国先后颁布《中华人民共和国商标法》（1982）、《中华人民共和国专利法》（1984）、《中华人民共和国著作权法》（1990）、《中华人民共和国反不正当竞争法》（1993）等法律法规，建立了知识产权法律的基本框架。进入21世纪，我国知识产权法律建设致力于不断修订、完善相关法律规范，建构公共政策体系，倡导创新文化，知识产权法治建设出现新局面。我国仅用30余年就走完了西方国家知识产权法律发展上百年的历程，法治建设成就举世瞩目。[1]

目前，我国知识产权法律已蔚成体系：通过现行基本法加强知识产权保护，《中华人民共和国民法通则》《中华人民共和国刑法》以及《中华人民共和国合同法》等均涉及知识产权规范的相关条款；制定单行（特别）法律法规专门规定知识产权创造、运用、保护和管理等，包括《中华人民共和国专利法》《中华人民共和国商标法》《中华人民共和国

---

[1] 吴汉东. 中国知识产权法律变迁的基本面向 [J]. 中国社会科学, 2018 (8): 108-114.

著作权法》《中华人民共和国知识产权海关保护条例》《中华人民共和国计算机软件保护条例》等；出台知识产权领域司法解释，进一步明确司法实践中知识产权司法保护的相关适用问题，如《最高人民法院关于对诉前停止侵犯专利权行为适用法律问题的若干规定》《最高人民法院关于审理专利纠纷案件适用法律问题的若干规定》《最高人民法院关于涉及驰名商标认定的民事纠纷案件管辖问题的通知》《最高人民法院关于审理涉及计算机网络著作权纠纷案件适用法律若干问题的解释》《最高人民法院关于审理侵害信息网络传播权民事纠纷案件适用法律若干问题的规定》《最高人民法院关于审查知识产权纠纷行为保全案件适用法律若干问题的规定》《最高人民法院关于技术调查官参与知识产权案件诉讼活动的若干规定》等。

时至今日，我国知识产权法律制度建设仍然在不断完善。以《中华人民共和国专利法》为例，1984年立法后，经过1993年、2000年、2008年三次修改，2019年又发布了《专利法修正案（草案）》。专利法通过几次修改持续扩大授权范围、简化授权流程，并在生物多样性、公共健康等多领域进行立法突破，体现了专利法律制度服务于创新发展战略的制度张力。《中华人民共和国促进科技成果转化法》在2015年的修订中进一步规范了科技成果转化活动，完善了促进科技成果转化的法律规定，以期能"加大、加快大学与科研机构的科技成果转化速度、转化效率"。

我国知识产权法律建设从基本国情和发展需要出发，积极应对法律现代化发展中的多元性、阶段性、风险性、非现代性问题，不断通过制度创新促进知识经济发展。高等学校在教学和科研活动中，形成大量可转化运用的科技成果，拥有了相当数量的专利和其他知识产权，这些知识产权的获取、维护、运用、保护过程中都涉及知识产权法律知识的储备与运用，面临职务技术成果的界定不清、科技人员流动造成知识产权流失、成果转让过程中造成技术秘密泄露、技术合同中知识产权条款约定不合理、知识产权被侵犯等诸多知识产权风险。因此，高等学校应持续关注我国知识产权法律体系，及时了解法律法规的新规定，为保护知识产权权益、促进技术创新、提升高等学校核心竞争力提供支撑。

二、高等学校知识产权管理的政策引导

高等学校是科技研究和技术开发的重要阵地，是生产和传播知识的重要场所，是知识产权创造、保护、运用和管理的重要主体。知识产权是高等学校重要的无形资产，一方面体现了高等学校及其科研人员的创新能力和科研水平，另一方面也是高等学校服务于国家科技、经济和社会发展的职能体现。为了持续引导高等学校围绕国家发展重大需求，按照"国家急需、世界一流、制度先进、贡献突出"的总体要求，以支撑创新驱动发展战略、服务经济社会发展为导向，深化科研体制改革，深化全方位协同创新，全面提升人才、学科、科研三位一体创新能力，强化知识产权管理，促进科技成果转化，我国在战略部署、政策引导等方面出台了诸多规定。

（一）战略部署层面

2008年，我国颁布了《国家知识产权战略纲要》，这是我国运用知识产权制度促进经济社会全面发展的重要国家战略，也是今后较长一段时间内指导我国知识产权事业发展的纲领性文件。2012年，党的十八大报告对实施创新驱动发展战略作出了重要部署，全党、全社会都要充分认识科技创新的巨大作用。2017年，党的十九大报告提出加快建设创新型国家，要瞄准世界科技前沿，强化基础研究，实现前瞻性基础研究、引领性原创成果重大突破；加强国家创新体系建设，强化战略科技力量，强化知识产权创造、保护、运用等，这对现阶段的知识产权工作具有很强的指导意义。

（二）政策引导方面

为推动国家知识产权战略实施，国家各部委以战略为导向，加强知识产权领域政策的研究、制定与实施。关于高等学校知识产权工作，教育部、科技部、国家知识产权局等部门发布了诸多政策予以引导。

2002年科技部、教育部联合发布《关于充分发挥高等学校科技创新

作用的若干意见》，明确了高等学校在科技创新中的重要地位，要求大力推动高等学校的技术转移及产业化。

2005年教育部发布《关于积极发展、规范高等学校科技产业的指导意见》，要求高等学校组建国有独资性质的资产经营有限公司，以期改善知识产权产业化率低的状况。

2006年教育部与科技部共同发布《关于进一步加强地方高等学校科技创新工作的若干意见》，提出"推进区域创新体系建设，提高地方高等学校科技创新能力和人才培养质量"的要求。

2012年9月，国家颁布《关于进一步加强职务发明人合法权益保护 促进知识产权运用实施的若干意见》，鼓励高等院校将知识产权创造、运用、实施纳入科研人员晋升晋级、职称评定考评，鼓励创新。

2015年，《中共中央国务院关于深化体制机制改革加快实施创新驱动发展战略的若干意见》发布，明确要求"改革高等学校科研评价制度"以及"建立高等学校技术转移机制"。国务院印发《关于新形势下加快知识产权强国建设的若干意见》，推动高等院校建立健全知识产权转移转化机构。

2016年，中共中央国务院印发《国家创新驱动发展战略纲要》，引导大学"加强基础研究和追求学术卓越，建设世界一流大学和一流学科"。国务院办公厅印发《促进科技成果转移转化行动方案》，提出在"十三五"期间要建设100个示范性国家技术转移机构，建设10个科技成果转移转化示范区，建成若干技术转移人才培养基地，培养1万名专业化技术转移人才。

2017年，国家知识产权局、教育部印发《高等学校知识产权信息服务中心建设实施办法》，要求深入实施国家创新驱动发展战略，完善知识产权信息公告服务网络，提升高等学校创新能力，支撑高等学校"双一流"建设。

2020年2月3日，教育部、国家知识产权局、科技部联合发布《关于提高高等学校专利质量促进转化运用的若干意见》，对高等学校知识产权的质量及运用提出新要求，提出"积极贯彻《高等学校知识产权管理规范》"的重点任务。2月24日，国家知识产权局办公室、教育部办公厅发布《国家知识产权局办公室 教育部办公厅关于组织开展国家知识产权试点示范高校建设工作的通知》，提出"建设50家左右凸显知识产权综合能力的示范高校"，要求"示范高校应全面提升知识产权高水平管理、高质量创造、高效益运用、高标准保护能力，形成知识产权综合优势"。

（三）政策落实方面

各地方政府在对中央及各部委文件的贯彻或落实过程中，也结合本地实际，因地制宜持续出台了诸多推进知识产权管理体制机制改革、促进高等学校科技成果转化、鼓励创新、加强知识产权管理和知识产权保护等相关政策。

2012年，四川省推出《四川省专利实施与促进专项资金管理办法》，先后推动促进专利运用转化的政策。2014年，北京市发布"京校十条"以促进北京地区高等学校积极开展科技成果转化与科技协同创新活动。2017年，青岛市发布《青岛市知识产权贯标补贴专项资金管理办法》，提出建立涉及高等学校专利质量提升、知识产权体系建设专项资金。2018年，江苏省发布《关于深化科技体制改革推动高质量发展若干政策》和《省教育厅贯彻落实省委政府关于深化科技体制机制改革推动高质量发展若干政策的实施细则》等相关文件，强调扩大科研院所、高等学校科研自主权，营造鼓励创新、宽容失败的浓厚氛围，推进科技与产业融合发展。2019年，长沙市发布《长沙市促进驻长高校知识产权在长转化若干措施》，激活当地高等学校知识产权的转化动力。

上述政策性文件具有专门化和多层次的特点，无论是战略纲要、发展规划、年度推进计划等与高等学校知识产权创新、运用、保护、管理相关的本体政策，还是科技发展规划、成果转化措施、产业发展目录、企业促进办法等涉及高等学校创新成果产权化、知识产权产业化、对外贸易"知识化"的关联政策，以及税收优惠、人才奖励等支持政策，均有效发挥了社会制度优势和公共政策力量，为高等学校知识产权战略实施提供了必要的政策基础，促使其知识产权及其相应的管理工作得以长足发展。

三、高等学校知识产权管理现状及问题

在中央和地方一系列"组合拳"政策的引导下，以及自身发展需求的驱动下，高等学校对知识产权管理工作的重视程度日益增强。

（一）高等学校知识产权管理现状

近年来，为了建设世界一流大学，提高普通高等学校创新能力，各高等学校都在不断地加大知识产权工作力度，并采取诸多措施加强知识产权管理。

1. 初步建立知识产权管理机构

目前，国内一些科研实力强、专利数量多的重点大学已经开始探索制定知识产权战略，建立新的知识产权管理组织模式。例如，清华大学、厦门大学等高等学校率先制定保护知识产权的规章制度；中国科技大学、南京大学等高等学校成立了专门的知识产权管理办公室，以专利保护和合同管理为重点，逐步规范知识产权管理工作，在保护知识产权、规避技术风险等方面取得初步成效；深圳大学启动《知识产权标准化管理》工作，对知识产权权属认定、申请保护、转化流程、分配机制、奖励办法实现全方位管理，建立了"知识产权云平台"，实现专利从申请、实审、信息查询、资助到运营的全过程统一管理；深圳大学图书馆专门组建了学科情报研究团队，依托购买的科技文献数据库、专利数据库，方便科研人员更快捷地了解本领域最先进技术及其发展动态，避免技术的重复研究，同时形成促进技术革新及时形成知识产权的良性循环。

2. 知识产权意识逐渐产生

在政策的引导和自身需求的驱动下，部分高等学校开始通过知识产权相关培训增强教职员工以及学生的知识产权意识。从效果来看，取得

了一定的成效。截至 2017 年 11 月，全国高等学校及科研机构当年累计共申请专利 375 971 件，占国内专利申请总数的 11.9%；全国高等学校及科研机构共获授权专利 181 837 件，占国内授权专利总数的 12.1%；全国高等学校及科研机构持有有效专利 624 001 件，占国内有效专利总数的 10%，2018 年 PCT 专利申请量排名前十的大学当中，有 5 所美国大学，4 所中国大学，1 所韩国大学。

同时，我国高等学校在科技论文方面表现良好。2009~2019 年发表国际论文 260.64 万篇，论文共被引用 2845.23 万次，居世界第二位；2019 年中国高被引论文数为 30 755 篇，占世界份额为 20.0%，热点论文数为 1056 篇，占世界热点论文总数的 32.6%。❶

3. 知识产权运营不断加强

目前，不少高等学校在知识产权运营方面不断加强，知识产权运营方式多样化发展，知识产权运营也逐渐趋向市场化。部分高等学校创办了依托院校的大学高科技企业，形成技术创新孵化器，孵化器有独立企业法人，拥有自主的知识产权项目，通过学校直接承担科研项目成果转化的任务，如清华同方和北大方正就是技术创新孵化的成功运用；部分高等学校将校内优势学科和人才与社会和市场的需求结合起来，通过规范和扶持，逐渐形成有学校特色的高科技产业群，北京大学就在其人才和技术优势下，结合学校电子、通信、软件、生物制药等学科特色形成产业群；部分高等学校依托技术转移中心、大学科技园等组建专业化、特色化的知识产权运营机构或平台，为高等学校知识产权成果与企业技术需求对接提供便捷服务；部分高等学校积极盘活知识产权存量，加快知识产权成果转化，例如，2013~2017 年，浙江大学签订技术转让合同 370 项，合同金额价值 2.852 亿元，仅在浙大科技园，浙大师生参与创办的企业就有 339 家，一大批科技成果成功转化。

总而言之，当前高等学校的知识产权管理水平不断提升，技术转让、

---

❶ 中国科学技术信息研究所. 中国科技论文的整体表现［R］. 北京：中国科学技术信息研究所，2019.

技术开发、技术咨询、技术服务水平亦有大幅提高。据统计，2017年高等学校与企业共建研发机构、转移机构、转化服务平台有6457家，同比增长37%；高等学校创设和参股新公司有1676家，同比增长近33%；高等学校转让、许可、作价投资方式转化科技成果的合同金额达121亿元，同比增长66%；高等学校科研合同项数为9907项，同比增长34%。❶

4. 知识产权保护能力不断提升

目前已有部分高等学校建立了相对完善的知识产权保护规章制度，在遭受侵权时能运用法律武器维护学校的权益。例如，清华大学2015年以未经许可擅自使用"清华在线"对外招生将紫光在线公司诉至法院，2018年以侵害商标权及不正当竞争为由将江苏教育集团（香港）有限公司诉至法院，并索赔300万元。查看近年来清华大学的诉讼案件，其中侵害商标专用权纠纷的多达33件，侵犯发明专利权纠纷的有6件。清华大学的知识产权保护工作与它的科研水平一样，均走在我国高等学校的前列。

但是，具备上述知识产权保护意识和建立完善知识产权管理制度的高等学校比例仍然偏低，并且具备上述意识和建立上述制度的基本上是科研实力、技术创新能力较强、知识产权拥有量大的重点院校，绝大多数高等学校的知识产权管理制度不够完善，对维权手段及相关知识掌握较少，知识产权保护能力还有待进一步提升。

（二）高等学校知识产权管理现存问题

随着国家知识产权战略的实施以及教育科技管理体制改革的深化，高等学校知识产权管理工作水平有所提高，在知识产权全过程管理上取得一定成效，但是同时不少高等学校知识产权工作中还存在诸多问题。

1. 知识产权管理机构依然不健全

高等学校的科研创新实力对其知识产权管理机构的设置模式影响很

---

❶ 中国科技成果管理研究会，国家科技评估中心，中国科学技术信息研究所．中国科技成果转化2018年度报告（高等院校与科研院所篇）[M]．北京：科学技术文献出版社，2019．

大，同时知识产权管理机构设置反过来也会影响高等学校的科研创新活动，合理的、先进的管理模式，对高等学校的科研水平提高和科技成果的转化有促进作用。现今我国仍有许多高等学校未设立专门的知识产权管理机构，而是由科技处（室）或科研办来负责学校的知识产权管理。还有许多地方院校，由于科研实力比较弱，在知识产权管理方面仍处于初级阶段，几乎没有设置知识产权管理机构，而是由其他管理人员代为管理。还有部分高等学校即使设立了专门的知识产权管理机构，也仅停留在充当科研人员与知识产权代理服务机构之间的中介角色，根据《中国科技成果转化2018年度报告（高等院校与科研院所篇）》，该报告对2766家研究开发机构和高等学校的科技成果转化情况分析研究，其中仅264家（9.5%）单位设立了专门的技术转移机构。❶ 未设立专门技术转移机构的高等学校，多由科技管理部门负责成果转化相关工作，缺乏专门的服务岗位；即使设立了专门岗位，其专业化服务能力也明显不足。

2. 知识产权管理制度不够完善

许多高等学校尚未建立知识产权管理相关的规章制度，绝大多数高等学校的知识产权管理制度建设滞后、修订不及时，不少高等学校现有的与知识产权相关的管理规定和考核制度都还是附在科研项目管理、科研工作量考核等制度里，仅对知识产权申请、授权、考核、奖励等内容进行事务性的规定，而未建立相应的奖励、激励与科技成果转化机制，导致知识产权管理工作无法有效开展；在知识产权运用、保护方面存在制度缺陷，对于委托开发、技术合作、合同签订缺乏必要的制度约束和规则细化，使高等学校知识产权的综合价值大打折扣。

3. 缺乏知识产权专业、专职人员

根据国家知识产权局规划发展司在2015年所做的一项针对高等学校知识产权管理现状的调查显示，大部分受访高等学校由科研管理部门负

---

❶ 中国科技成果管理研究会，国家科技评估中心，中国科学技术信息研究所. 中国科技成果转化2018年度报告（高等院校与科研院所篇）[M]. 北京：科学技术文献出版社，2019.

责知识产权工作，87.9%的高等学校的专职知识产权管理人员在 2 人及以下，知识产权专职工作人员严重缺乏。❶

知识产权专业人才需要掌握法学、管理学、经济学、自然科学等多个学科的知识，❷并能够将相关学科知识进行融合创新形成独特能力，以适应各类复杂的知识产权工作的需要。现有的高等学校知识产权管理人员大都没有法律专业知识背景，可能对高等学校的知识产权保护这一领域并不熟悉，对专业性极强的知识产权管理工作往往缺乏专业知识和经验。

4. 缺乏知识产权意识，知识产权流失严重

高等学校管理人员、科技人员缺乏知识产权意识，未将知识产权有效地融合到科学研究管理全过程中，形成科技创新和知识产权管理、科技成果转移转化相融合的统筹协调机制。高等学校普遍存在重技术成果轻知识产权的观念，对科研活动形成的技术成果申请专利的意识不强，未及时申请专利，造成知识产权损失，例如，一些高等学校存在过度关注科技论文而对知识产权申请与保护淡漠的现象，唯论文为英雄，广大高等学校科研人员更多关注职称评定、论文数量、成果获奖，造成知识产权申请和保护积极性不高的问题；一些高等学校在对外技术合作、技术交流、成果转让过程中，合同条款中缺乏知识产权权属和收益分配的清晰界定，造成知识产权流失；部分高等学校在国际科技合作中缺乏必要的知识产权保护意识，或导致商业秘密或关键的技术秘密泄露，或知识产权流入跨国公司的专利池等知识产权流失的情况；部分高等学校人才流动频繁也造成知识产权的流失，大批高等学校学生在校期间曾参与大量的科学研究活动，毕业后将其所掌握的科研项目核心技术带入社会获取利益，一些高等学校教师也涌入高新技术企业或自主创业，带走了

---

❶ 国家知识产权局规划发展司，国家知识产权局知识产权发展研究中心.2015年中国专利调查数据报告 [EB/OL]. http://www.sipo.gov.cn/docs/publold/tjxx/yjcg/201607/t20160701_1277842.html.

❷ 汤自军.高校知识产权管理存在的问题及应对策略 [J].法制与社会，2018，2（下）：182.

在校期间所形成的知识成果。

5. 科研成果转化率低，产业化程度不高

高等学校知识产权运营存在"四高三低一缺失"，即科研投入高、产出数量高、维护费高、知识产权失效比例高，知识产权管理水平低、转化应用率低、运营收益低。专业化运营能力缺失。根据《2018年中国专利调查报告》发布的数据，2018年我国有效专利的产业化率总体为36.3%。从专利权人类型看，企业为46.0%，高等学校为2.7%；❶ 高等学校的产业化率大幅低于企业的平均水平，且高等学校主动放弃对自有专利的维护比例也很大，这些都是高等学校知识产权运营能力不够、知识产权管理水平不高的直接体现。

6. 知识产权价值不高，维护年限短

《关于提升高等学校专利质量 促进转化运用的若干意见》指出，高等学校专利还存在"重数量轻质量"的现象，我国国内的发明专利平均寿命为3.8年，实用新型专利为3.5年，外观设计专利为3.2年，而国外在华的发明、实用新型、外观设计专利维持年限则分别为7.5年、4.3年、5.7年，而高等学校的专利维护年限又短于企业的专利维护年限。专利维护年限短，不利于发挥专利制度应有的保护创新、驱动创新的职能，同时也说明专利的科技含量和市场价值较低。

总体来看，高等学校知识产权管理还存在管理措施与方法随意性较强、重点和难点认识不统一、管理效率相对较低等问题。与发达国家相比，国内高等学校在知识产权管理机构设置、人员意识及专业能力、管理制度建设、技术转移运行模式、知识产权权属和收益分配等诸多方面，特别是知识产权保护效果和技术转移成效方面存在较大的差距。上述问题的解决，需要有一套知识产权管理的较佳方案，通过在高等学校知识产权管理范畴、管理必要机制、管理具体方式方法上提出统一化、规范化的要求，这就需要高等学校知识产权管理的标准化。

---

❶ 赵珍．重磅！《2018年中国专利调查报告》发布！（全文）[EB/OL]．（2019-01-21）[2019-12-21]．http：//www.iprdaily.cn/article_ 20784.html．

四、高等学校知识产权管理的标准化

(一) 高等学校知识产权管理标准化的现实意义

1. 高等学校顺应国际国内知识产权标准化管理形势的需要

标准化管理是现代管理的标志。知识产权管理标准化不仅细化了法律法规的执行,在一定程度上也弥补了法律法规的空白,使政府宏观管理更加科学有效,更贴近市场需求。进入 21 世纪以来,英国、美国、加拿大、欧盟、澳大利亚等国家和地区相继成立知识管理标准化组织,发布知识管理领域的白皮书、标准或指南,运用标准化手段,对高效创造和有效管理知识资源及知识产权提供科学、系统的指导。全国知识管理标准化技术委员会秘书长咸奎桐认为:"在这样的形势下,中国要参与全球竞争,必须顺应国际发展大势,从服务中国经济社会发展的整体需求出发,构建中国特色的知识管理标准化组织,加快推进中国知识管理标准化进程。"[1]

高等学校知识产权管理标准化就是在知识产权管理范畴、管理必要机制、管理过程方法等方面提出统一化与规范化的要求,用于指导高等学校依据法律法规,基于自身状况和发展战略,将知识产权有效地融合到高等学校的科学研究、社会服务、人才培养、文化传承创新工作中。

2. 高等学校实施知识产权战略和创新驱动发展战略的需要

2015 年 2 月 13 日,在全国知识产权标准化技术委员会成立大会暨第一次全体委员会议上,国家知识产权局局长申长雨表示:"无论是从我国经济社会发展的需要来看,还是从知识产权强国建设的需要来看,都需要运用标准化手段,进一步夯实知识产权宏观管理基础,提升各类创新主体的知识产权综合能力,推进知识产权服务业健康发展,更好地支撑创新驱动发展和经济转型升级。"高等学校服务于创新驱动发展战略,以

---

[1] 赵建国. 标准化:加强知识管理的有力举措 [EB/OL]. (2015-02-28) [2019-12-21]. http://ip.people.com.cn/n/2015/0228/c136655-26611154.

基础研究和应用基础研究成果为创新驱动发展战略提供科技支撑,以科技成果转化为经济社会和行业产业提供技术服务,以高素质创新型人才培养为创新驱动发展战略提供人才支撑。

3. 高等学校加强知识产权管理能力、提升核心竞争力的需要

大学的核心竞争力就是大学以技术能力为核心,通过战略决策、科学研究及成果产业化、课程设置与讲授、人力资源开发、组织管理等整合或者通过其中某一要素的凸显而使学校获得持续竞争优势的能力。[1] 高等学校的知识产权管理水平直接关系核心科技成果保护、科技创新能力提升。知识产权管理标准化工作是高等学校加强知识产权工作的有力抓手,是高等学校激发创新活力、增强创新能力的有效方式。高等学校通过知识产权管理标准化,建立规范的制度与管理机制,培养专业团队并使其在知识产权管理中发挥人才优势,实现知识产权全流程管理机制,把知识产权贯穿于科研和成果转化的全过程,有利于高等学校围绕国家发展重大需求,将自身的知识产权战略同社会利益、国家利益更好接轨,从而激发和增强科研创新能力,提升科技成果转化水平,提高核心竞争力。

(二)《高等学校知识产权管理规范》编制历程

1. 编制基础

目前,我国全面统筹推动"五位一体"总体布局和协调推进"四个全面"战略布局,实施"一带一路"建设,推进大众创业、万众创新,深入实施创新驱动发展战略。这些战略举措的贯彻落实,迫切需要深入贯彻落实科学发展观,按照激励创造、有效运用、依法保护、科学管理的方针,着力完善知识产权制度,积极营造良好的知识产权法治环境、市场环境、文化环境,大幅度提升我国知识产权创造、运用、保护和管理能力,为建设创新型国家和全面建设小康社会提供强有力支撑。

党的十八大提出实施创新驱动发展战略后,国务院连续出台《关于

---

[1] 武向荣,等. 论大学的核心竞争力 [J]. 高等教育研究,2002(7).

深化体制机制改革加快实施创新驱动发展战略的若干意见》《关于大力推进大众创业万众创新若干政策措施的意见》《国家创新驱动发展战略纲要》等一系列政策，构建创新、创业政策扶持体系，推动产业技术体系创新，壮大创新主体，引领创新发展。知识产权已经成为激励创新、促进科学技术进步、推动国家经济社会发展的重要资源。因此，加强知识产权综合管理能力，促进知识产权的高水平创造、有效运用、充分保护，是实施创新驱动发展战略的必然要求，是提升科技创新效率的重要手段，具有重要的历史和现实意义。

高等学校是国家创新体系的重要组成部分，是基础性、战略性和前瞻性科技创新成果的主要贡献力量。为进一步落实党中央、国务院决策部署，按照知识产权强国建设的有关要求，通过标准化手段推进创新主体的知识产权能力建设，推动知识产权创造、运用、保护、服务全流程与标准体系建设相结合，基于目前高等学校知识产权工作现状，以切实加强高等学校知识产权工作，激发高等学校创新活力、增强创新能力响应创新型国家和知识产权强国建设要求，国家知识产权局提出了《高等学校知识产权管理规范》国家标准的编制任务，2013年8月1日，标准编制任务经国家标准化委员会批准并纳入国家标准制订计划。

2. 编制过程

《高等学校知识产权管理规范》国家标准起草组在结合国内标准体系最新进展及国际标准体系研究成果的基础上，历经预研、立项、起草及征求意见，最终发布实施。其主要过程如下。

（1）预研：重点收集美、日、德等发达国家高等学校知识产权管理情况，并委托教育部科技发展中心广泛调研127所高等学校（包括"985"高等学校34所、"211"非"985"高等学校37所、其他高等学校56所）知识产权工作现状，明确了国家标准的理念和思路。

（2）立项：制订标准编制方案，形成《高等学校知识产权管理标准项目建议书》，向国家标准委提出立项建议，国家标准委批复确定立项，项目编号20130419-T-424。

（3）标准起草：组织政府、高等学校、科研院所、服务机构等单位专家完成标准文本讨论稿，向江苏、重庆、陕西等地区部分高等学校征求意见，并邀请中国标准化研究院的专家等对标准内容进行规范和调整，形成《高等学校知识产权管理规范（征求意见稿）》。

（4）征求意见：《高等学校知识产权管理规范（征求意见稿）》通过网站、发文、高等学校代表讨论会、专家座谈会向社会发布并向公众征求意见，期间共征求意见160余条。

2016年12月13日，《高等学校知识产权管理规范》（GB/T 33251—2016）正式发布，并于2017年1月1日起实施。

至此，知识产权领域国家标准也实现了企业、高等学校、科研院所三大创新主体知识产权管理规范的全覆盖。

（三）知识产权规范化管理实践

2011年10月，国家知识产权局等十部委联合发布的《国家知识产权事业发展"十二五"规划》明确要求"进一步完善企事业单位知识产权管理工作规范"，为我国面向企业、高等院校、科研组织主要创新主体的知识产权领域标准化工作指明了方向。

1. 知识产权管理系列标准

2004年，广东省出台《创新知识企业知识产权管理通用规范》，这是我国知识产权领域早期的标准化尝试。随后，江苏省、浙江省、湖南省也先后发布地方标准《企业知识产权管理规范》，我国知识产权领域的标准化工作逐步在各省市地方试点铺开。2013年3月1日，我国首部企业知识产权管理国家标准——《企业知识产权管理规范》正式实施。同年11月，《关于印发知识产权管理体系认证实施意见的通知》（国认可联〔2013〕56号）、《知识产权管理体系认证审核员确认方案》等文件出台，确立了以第三方认证的模式检验知识产权贯标效果。2014年3月，首家知识产权专业认证机构成立，知识产权认证工作正式开启。时至今日，已有数万家企业贯彻了标准，并有3万余家企业获得第三方认证机构颁发的管理体系认证证书。

在《企业知识产权管理规范》贯彻实施的同时，国家知识产权局又投入高等学校、科研组织知识产权管理标准的编制工作中。2013年4月，高等学校、科研组织的贯标试点工作在东南大学、江苏大学、南京理工大学、中国药科大学等9所高等学校以及大连化学物理研究所、计算机研究所等13家中科院科研单位中逐步推进。2016年12月13日，《科研组织知识产权管理规范》（GB/T 33250—2016）（以下简称《科研组织知识产权管理规范》）、《高等学校知识产权管理规范》（GB/T 33251—2016）（以下简称《高等学校知识产权管理规范》）发布，并于2017年1月1日实施。与此同时，用以规范专利代理服务行为的《专利代理机构服务规范》（GB/T 34833—2017）也于2017年11月1日正式发布，并于2018年1月1日实施。

《科研组织知识产权管理规范》实施以来，已有32家中科院系统的科研组织启动贯标工作，并有10余家科研组织获得第三方认证机构颁发的管理体系认证证书。

《高等学校知识产权管理规范》实施以来，亦得到各方关注。2017年，广东省开展了13所试点高等学校知识产权规范化管理推进项目，稳步推进管理实施和验收工作。2018年，国家知识产权局在全国选定5个试点省份共30所高等学校，启动高等学校贯标实施试点工作。部分省市也明确将"积极推进做好企业、高等学校、科研组织、专利代理机构贯标工作"作为2019年知识产权工作要点。

2. 知识产权服务系列标准

知识产权服务标准化工作也在有序推进当中。为贯彻《服务业发展"十二五"规划》《国务院办公厅关于加快发展高技术服务业的指导意见》的精神，落实《关于加快培育和发展知识产权服务业的指导意见》的任务部署，加强知识产权服务标准化工作的统筹规划和指导，国家知识产权局、国标委、工商总局、版权局于2014年12月联合印发《关于知识产权服务标准体系建设的指导意见》的通知（国知发规字〔2014〕74号），提出了包括通用基础标准、业务支撑标准、知识产权法律服务、知识产权信息服务、知识产权商用化服务、知识产权咨询服务、知识产权培训服务、知识产权公共服务等9个方面的制修订任务，为建立知识产权服务标准体系提供了顶层设计。知识产权服务领域内，《知识产权分析评议服务 服务规范》（GB/T 37286—2019）已于2019年3月25日发布，并于2019年10月1日实施。知识产权服务系列标准的实施必然促使知识产权服务机构建立内部服务质量监控体系、加强内部管理、规范服务行为，逐步提升服务质量。

3.《创新管理—知识产权管理指南》国际标准

为进一步促进我国知识管理标准化工作规范化发展，在国家知识产权局和国家标准委员会共同推动下，全国知识管理标准技术委员会于2014年12月正式成立，并由国家知识产权局归口管理，负责制修订知识产权、传统知识、组织知识等领域的国家标准，以及负责国际知识管理标准化对口工作。2017年2月，我国提出的首个知识产权管理国际标准提案《创新管理—知识产权管理指南》获得国际标准化组织（ISO）批准立项，标志着我国知识产权领域的标准化工作走向国际舞台。

第三节 高等学校知识产权管理体系认证

一、高等学校知识产权管理体系认证概述

（一）认证的概念

认证也称注册，ISO/IEC 17000《合格评定——词汇和通用原则》（2004）对认证进行了最新的定义：有关产品、过程、体系或人员的第三方证明。因此，认证是一种独立、公正、权威的活动，是指由认证机构证明产品、服务、管理体系符合相关技术规范、相关技术规范的强制性要求或者标准的合格评定活动。认证的概念要点可以归纳为：（1）认证的对象可以是产品、过程、管理体系或服务。（2）"证明"是复核与管理体系有关的评价结果所做出决定的说明，目的是证实规定要求已得到

满足。这里的"规定要求"指与认证对象有关的法律法规、标准和技术规范要求。（3）管理体系认证评价的方法包括对管理体系的审核和评定。（4）认证通过正式的证明（通常是书面的）对认证的结果加以确认，认证的证明方式有认证证书和认证标志。（5）认证是第三方机构从事的活动，认证机构是作出认证决定、出具认证证明的第三方组织。

认证按照强制程度分为自愿认证和强制性认证，按照认证对象通常分为产品、服务和管理体系认证。《高等学校知识产权管理规范》是推荐性的管理体系标准，所以高等学校知识产权管理体系认证属于管理体系认证和自愿认证。

（二）高等学校知识产权管理体系认证

高等学校知识产权管理体系认证是指由取得知识产权管理体系认证资格的第三方认证机构，依据正式发布的知识产权管理体系标准（《高等学校知识产权管理规范》），对高等学校的知识产权管理体系实施评定，评定合格的由第三方机构颁发高等学校知识产权管理体系认证证书，并给予注册公布，以证明获证组织有能力按照《高等学校知识产权管理规范》的要求管理其知识产权活动。

知识产权管理体系认证流程主要分为五个重要环节：认证申请及受理、认证活动策划及审核评价的实施、复核与认证决定、获证后监督活动、再认证。

知识产权管理体系认证审核活动按照其活动过程可以分为：初次认证审核、监督审核、再认证审核和特殊审核。

申请知识产权管理体系认证的组织经过审核与评价，若符合认证准则要求的，则认证机构向申请知识产权管理体系认证的组织出具认证证书，知识产权管理体系认证证书一般包括：证书编号，证书持有组织的名称和地址，认证覆盖范围、认证依据的标准，发证日期和有效期，发证机构的名称和地址，其他需要在证书予以说明的内容。知识产权管理体系认证证书的有效期为3年。

（三）高等学校知识产权管理体系认证的意义

1. 引入标准的管理理念和管理方法，提升知识产权管理能力

通过贯标认证，高等学校建立知识产权管理体系，运用"领导作用、全员参与、过程方法、持续改进"管理原则规范知识产权管理过程，在文件管理上建立系统化、文件化的程序及制度文件，在组织管理上明确各部门、各岗位的职责与权限，以及相关接口处的职责，在人力、财务、信息、基础资源上做好资源保障，将知识产权全过程的理念贯穿科研项目管理及科研成果保护和运用。用标准的管理理念和科学的管理方法指导管理工作，有利于提高知识产权管理能力，激发高等学校的创新活动，增强创新能力，促进科技成果转移转化，践行"双一流"建设，提升高等学校的战略目标。

2. 建立长效机制，防控风险，持续改进

通过贯标认证引入外部监督机制，第三方认证机构每年将对体系符合性、有效性进行监督审核，对不符合标准、相关法律法规和文件要求的事项进行明确，并要求高等学校举一反三，采取措施防止其再次发生。高等学校可以从内部检查和外部监督，多角度促进自身知识产权的规范管理，严格执行标准、相关法律法规和体系文件的要求。通过对体系运行有效性的评价，高等学校能够对影响过程运行的活动、行为、工作实施控制，对可能出现的风险实现防范，对不良趋势采取有效的纠正，形成纠正措施，不断完善提高，使知识产权管理体系良性运行，进而实现知识产权的"安全生产"。

3. 增强全员知识产权意识，培养高水平的人才队伍建设

高等学校可以通过对标准的宣贯宣讲、人员的培训，强化知识产权意识，使教职员工认识到知识产权的重要性，提高警惕，避免在科研活动中核心技术秘密泄露、及时形成知识产权，并注重知识产权运用过程中的知识产权保护，以及在论文及科研成果形成中避免侵犯他人知识产权。高等学校在科学研究、社会服务、人才培养、文化传承等全业务流程上加强知识产权管理，通过引进外部人才与培训内部人才相结合的方

式，既能培养出一批懂专业、懂法律、能进行知识产权管理、熟悉国际规则的知识产权复合型人才，又能建立一支既了解高等学校科研管理，又熟悉知识产权管理和运营的高水平人才队伍，支撑高等学校高质量发展。

4. 增强创新实力与成果转化能力，提升国际影响力

认证有助于高等学校将本校战略规划同国家战略部署接轨，面向国民经济主战场，服务国家重大战略需求，加快科技创新和产学研合作，取得创新发展先机；有助于高等学校长期学科优势积淀所形成的科技创新开发能力得到更广泛地认可并呈现出更为强大的创造活力；有助于高等学校建立广泛的信息渠道获取，瞄准前沿技术，夯实基础，谋求科研创新与学科建设的新突破。通过认证，高等学校还能够证明有能力按照国家标准的要求管理其知识产权管理活动，为高等学校参与各项活动提供知识产权保证和保障，有助于高等学校更广泛地参与国际学术会议、人员交流和学术访问、政府间的科学研究国际合作、国际性双边或多边科学研究项目联合研究、国际项目合作研究、共建联合研究机构或平台等国际科技合作中，增强高等学校的知名度与国际影响力。

二、高等学校知识产权管理体系认证机构

认证机构是指依法经国家认证认可监督委员会（CNAS）批准设立、取得法人资格，独立从事产品、服务和管理体系符合标准、相关技术规范要求的合格评定活动的证明机构。

2013年11月，国家认监委、国家知识产权局联合印发《知识产权管理体系认证实施意见》（国认可联〔2013〕56号），共同探索开展知识产权管理体系认证，规范认证机构、认证人员确认制等工作，培育一批专业素质较高的机构和人员，加强认证质量监督，规范认证机构市场行为，确保认证工作有序开展。

2018年2月，国家认监委、国家知识产权局联合发布《知识产权认证管理办法》（2018年第5号公告），旨在全面规范知识产权认证机构的

知识产权认证活动，提高知识产权认证有效性，并明确了知识产权管理体系认证目录。按照该办法的有关规定，目前知识产权管理体系认证依据包括《企业知识产权管理规范》《科研组织知识产权管理规范》《高等学校知识产权管理规范》三项国家标准。

中知（北京）认证有限公司（以下简称"中知公司"）是全国首家经国家认证认可监督管理委员会（CNCA）批准、经国家等级主管机关依法登记注册、从事知识产权管理体系第三方认证的机构，根据国家知识产权局对于知识产权贯标工作的整体部署，由中国专利保护协会于2014年出资设立。中知公司的核心业务为知识产权管理体系（IPMS）认证、服务认证等，认证依据包括《企业知识产权管理规范》《科研组织知识产权管理规范》《高等学校知识产权管理规范》等国家标准，为广大客户提供包括初次认证、再认证等第三方认证服务。

中知公司自2014年为浙江正泰集团颁发全国首张知识产权管理体系认证证书以来，目前已累计颁发认证证书近2万张，包括中国铁建、中航工业哈飞、商飞、商发、一拖、正泰电器、美的、格力、绿叶制药等众多知名企业，以及中国科学院天津工业生物技术研究所、中国科学院南京土壤研究所、青海盐湖研究所、水生生物研究所、上海硅酸盐研究所、中国科学院工程热物理研究所、中国科学院苏州纳米技术与纳米仿生研究所等科研组织，并积极探索了高等学校知识产权认证等相关工作。目前，中知公司获证客户已遍布北京、上海、山东、浙江、广东、江苏、四川、陕西、新疆、内蒙古、福建、云南、海南等全国省、自治区、直辖市，涉及机械制造、电子通信、医药化工等数十种行业，囊括创新型企业、高新技术企业、知识产权示范企业、知识产权优势企业等。

第二章 《高等学校知识产权管理规范》基础知识

第一节 《高等学校知识产权管理规范》简介

《高等学校知识产权管理规范》标准属于管理体系标准，分为前言、引言、正文三部分。正文部分共有十个章节，包括范围、规范性引用文件、术语和定义、文件管理、组织管理、资源管理、知识产权获取、知识产权运用、知识产权保护、检查和改进，系统地阐述知识产权管理活动过程各环节的基本要求。其主要内容如下：

前言

引言

1 范围

2 规范性引用文件

3 术语和定义

4 文件管理

  4.1 文件类型

  4.2 文件控制

5 组织管理

  5.1 校长

  5.2 管理委员会

  5.3 管理机构

5.4 服务支撑机构

5.5 学院（系）

5.6 项目组

5.7 知识产权顾问

6 资源管理

6.1 人力资源

6.2 财务资源

6.3 资源保障

6.4 基础设施

6.5 信息资源

7 知识产权获取

7.1 自然科学类科研项目

7.2 人文社会科学类科研项目

7.3 其他

8 知识产权运用

8.1 分级管理

8.2 策划推广

8.3 许可和转让

8.4 作价投资

9 知识产权保护

10 检查和改进

10.1 检查监督

10.2 绩效评价

10.3 改进提高

一、前言

前言部分给出了标准编制及版本等基本信息，明确了标准的起草规则、提出和归口单位、起草单位以及主要起草人。由国家知识产权局提出，由全国知识产权管理标准化技术委员会归口，起草单位为国家知识产权局、教育部、中国标准化研究院。

二、引言

引言部分明确了知识产权管理在高校科技创新中的地位和高等学校进行知识产权管理的重要意义。简要介绍在高等学校中开展知识产权管理体系建设的总体战略思想、可行的技术路径和方式，通过本标准在学校各项工作全过程的知识产权管理，可实现提升学校科技创新能力和价值的目标。

三、正文

（一）范围

随着社会的发展和需求增加，国家战略大力引导我国具备教育、培训的组织开展科技创新，本标准明确了适用于具备科研职能的高等学校，其他教育组织也可参照执行。

（二）规范性引用文件

《高等学校知识产权管理规范》引用了《质量管理体系 基础和术语》（GB/T 19000—2008），对于所引文件并未标注日期，其最新版本是2016年改版的标准（等同采用ISO9000：2015标准），该标准中的术语与定义分为13个类别，共138个，其中对"产品""服务""过程"等在2008版基础上都有修改。

（三）术语和定义

术语和定义部分界定了《高等学校知识产权管理规范》涉及的知识产权、教职员工、学生、科研项目、项目组、知识产权专员、专利导航的定义，并明确GB/T 19000—2008界定的术语适用于本文件，这些重要术语及其定义为准确理解标准奠定了基础。

（四）文件管理

本章规定了实施知识产权管理的文件要求。知识产权文件包括知识产权组织管理文件、资源管理过程的知识产权文件、知识产权全过程管理（获取、运用、保护等）文件、相关的记录文件、外来文件。文件管理总体要求是实现知识产权管理的文件化和持续性。知识产权文件是高等学校实施知识产权管理的基础，本标准要求对文件管理高度重视。

（五）组织管理

本章规定了高等学校的管理者及管理部门的职责权限，包括校长、管理委员会、管理机构、服务支撑机构、学院（系）、项目组、知识产权顾问。校长（或院长）应作为高等学校的第一责任人，从战略层面关注知识产权工作。管理委员会要负责知识产权管理的重要事项。管理机构是高等学校落实知识产权管理和运营工作的重要部门。服务支撑机构是高等学校建立、实施与运行知识产权管理体系的服务支撑性机构。学院（系）、项目组是高等学校知识产权管理体系运行的基础单元，负责落实具体的知识产权管理工作。知识产权顾问是高等学校根据自身需要聘请的专家，可在开展重大知识产权事务时提供咨询意见。本标准要求组织管理中各岗位权责明确。

（六）资源管理

本章规定了高等学校对资源的知识产权管理工作，包括人力资源、财务资源、资源保障、基础设施、信息资源的要求。人力资源规定了高等学校在与教职员工签订人事合同时应加强对知识产权问题的约定，建立知识产权激励与评价机制，开展知识产权教育培训。财务资源规定了高等学校应设立知识产权经常性预算费用。资源保障、基础设施规定了高等学校加强知识产权管理的资源配备和基础设施的知识产权管理。信息资源中重点关注了信息收集、分析、利用，以及对信息披露的知识产权审查机制等要素，并规定了相关的要求。

（七）知识产权获取

本章规定了知识产权获取的相关要求，并将科研项目划分为自然科学类和人文社会科学类。自然科学类科研项目管理包括选题、立项、实施、结题等阶段的知识产权管理。人文社会科学类科研项目管理规定加强人文社会科学类研究项目的知识产权管理，特别是创作过程中产生的职务作品的著作权管理。本章不仅对项目中的知识产权获取相关事项规定详尽，同时对于高等学校所特有的校名、校徽、校标、域名、服务标记的使用及保护、学位论文及毕业设计的查重检测都有相应的要求，本标准对高等学校全过程知识产权管理的要求落实在高等学校工作的方方面面。

（八）知识产权运用

本章规定了基于知识产权分级管理基础上的策划推广、许可和转让、作价投资等内容。分级管理中规定了分级管理机制以及相应的处置方式和控制；策划推广中突出知识产权评估应考虑的因素和风险，知识产权产业化前景分析等方面的要求，鼓励利用知识产权创业，这与2020年2月3日，教育部、国家知识产权局、科技部联合发布的《关于提高高等学校专利质量促进转化运用的若干意见》文件精神不谋而合。

（九）知识产权保护

本章着重从合同管理的过程以及规避知识产权风险两个重点环节来加强知识产权的保护工作，规定了合同约定、参与知识产权联盟、协同创新组织中的知识产权归属及利益分配、保密等相关内容；在风险管理中提出风险监控、风险规避、纠纷应对机制，加强对学术交流活动中的知识产权管理等要求。知识产权获取、知识产权运用、重点环节的知识产权保护，将知识产权全过程的理念贯穿科研项目管理及科研成果保护和运用。

（十）检查和改进

本章规定了知识产权管理持续改进的要求。规定高等学校应将知识产权工作纳入高等学校和院属各院系、各科研机构年度绩效考核的评价，建立检查、监督机制，制定和落实改进措施，以确保知识产权管理体系的有效性。

第二节　知识产权管理体系基础

一、管理体系

（一）管理体系的概念

体系，泛指一定范围内或同类的事物按照一定的秩序和内部联系组合而成的整体，每一个学科及其内涵的各分支就是一个体系，大体系中蕴含无穷无尽的小体系，总则为一，化则无穷，反之亦然。就管理体系而言，是建立方针和目标并实现这些目标的管理过程。当管理与知识产权有关时，则为知识产权管理。知识产权管理是在知识产权方面指挥和控制组织的协调活动，通常包括制定知识产权方针、目标以及知识产权管理策划、知识产权过程管理、评价和改进等活动。实现知识产权管理的方针、目标，有效地开展各项知识产权管理活动，必须建立相应的管理体系，这个体系就是知识产权管理体系。

高等学校知识产权管理体系是指高等学校基于自身状况和发展战略，依照《高等学校知识产权管理规范》的要求建立适宜的知识产权管理体系。

（二）管理体系的特点

管理体系具有以下五个特点。

（1）唯一性。知识产权管理体系的策划及建立，应结合组织的知识产权目标、知识产权类别、过程特点等，因此不同组织的知识产权管理体系具有不同特点。

（2）系统性。知识产权管理体系是相互关联和作用的组合体，即组织结构、程序及管理文件、资源等要素相互关联和作用。

（3）有效性。知识产权管理体系的运行应是真实有效的。

（4）预防性。知识产权管理体系应能采取适当的预防措施，有一定的防止重大知识产权问题发生的能力。

（5）动态性。知识产权管理体系应定期进行评价和改进，不断完善体系。

二、过程方法

《高等学校知识产权管理规范》是基于过程方法建立的知识产权管理模型。

（一）过程及过程方法

过程是利用资源将输入转化为输出的任何一项或一组活动，可以看出，过程包括输入、输出、资源、活动四大要素，其中活动是过程的主体，输入是过程的开始，输出是过程的结果，资源是过程的必要条件。过程需要识别、控制、评价、改进，才能使过程最适宜于达到过程要求，使过程增值。这是对过程的普遍性要求。

组织在策划、建立管理体系时，首先应该依据获得的经验和过程规律识别自己的"过程"，明确这个过程的输入、输出以及过程中涉及的资源需求。这种识别，包含认识、确定、比较、分析、优化等活动。其次应以识别为基础研究过程的控制，过程实施、过程监视、过程改进均应进行过程控制。一般来说，确定过程的目标和输入、输出、资源、活动的顺序和职责，过程控制方法和途径，过程监视、测量，过程的效果及过程的改进等都是过程控制的活动内容。这些活动的结果应该使过程受控，并有效地实现所策划的过程结果。

过程方法要求系统地识别和管理学校知识产权所涉及的过程，特别是它们的相互作用，这可以明确学校职责范围内与知识产权有关的全部过程，清楚这些过程之间的联系和影响，从而能够更有效地使用学校资源、降低成本、规避风险，缩短创造知识产权周期，提高知识产权寿命期过程的有效性和绩效。过程方法应在分析相关方要求、知识产权全寿命周期过程、高等学校的战略目标后，确定学校知识产权管理所需的各个过程，以及这些过程及与之相接口的过程，并将这些过程的目标集中在学校的主要创新工作目标上，利用PDCA循环和基于风险的思维，可提升知识产权过程绩效，可以在影响知识产权过程绩效的关键点设置收集数据和信息方式方法，通过分析这些数据和信息，发现过程趋势，改进过程。

因此，高等学校组织在应用"过程方法"时，需要关注以下方面的内容，才能有效控制知识产权的成本、绩效与风险。

（1）系统的识别、确定高等学校的知识产权所需过程及其要求，确定过程的顺序、评估其重要程度，从增值的角度对过程进行分级管理，建立知识产权的过程目标。

（2）建立知识产权的过程目标，寻找影响过程能力的系统因素，按过程规律控制这些因素，实时监视过程状况并纠偏，确保实现过程的能力，增强过程能力，使过程能力与过程目标相匹配。

（3）明确过程职责，分解高等学校内各管理层级对过程的职责与权限，并与过程目标接口。

（4）明确过程的关联性及相互作用，控制过程的输入、活动、输出，管理过程的接口，建立相关过程的系统化管理。

（5）对过程进行迭代、动态的管理，分析过程绩效，不断改进过程的有效性，适应内外环境的变化。

过程方法的优点是对系统中单个过程之间的联系以及过程的组合和相互作用进行连续的控制，一个过程的输出将直接成为下一个过程的输入。

（二）PDCA 循环

PDCA 循环，是由美国著名质量管理专家戴明（W. E. Deming）采纳、宣传、获得普及，所以又称戴明环。这个循环主要包括四个阶段：策划（Plan）、实施（Do）、检查（Check）和改进（Action）及八个步骤，八个步骤是四个阶段的具体化。❶

---

❶ 山东省知识产权局、烟台市知识产权局、中知（北京）认证有限公司、山东智宇律师事务所．《企业知识产权管理规范》解析与应用［M］．北京：知识产权出版社，2016：29.

1. 策划（P）阶段

策划是知识产权管理的第一阶段。通过策划，确定知识产权管理的方针、目标，以及实现该方针和目标的行动计划和措施。策划阶段包括以下四个步骤。

第一步，分析现状，找出存在的知识产权问题。

第二步，分析原因和影响因素。针对找出的知识产权问题，分析产生的原因和影响因素。

第三步，找出主要的影响因素。

第四步，制定改善质量的措施，提出行动计划，并预估效果。在进行这一步时，要反复考虑并明确"5W1H"：为什么要制定这些措施（Why），制定这些措施要达到什么目的（What），这些措施在何处即哪个工序、哪个环节或在哪个部门执行（Where），什么时候执行（When），由谁负责执行（Who），用什么方法完成（How）。

2. 实施（D）阶段

第五步，执行计划或措施。

3. 检查（C）阶段

第六步，检查计划的执行效果。通过做好自检、互检、工序交接检、专职检查等方式，将执行结果与预定目标对比，认真检查计划的执行结果。

4. 改进（A）阶段

改进阶段包括两个具体步骤：

第七步，总结经验。对检查出来的各种问题进行处理，正确的应加以肯定，并总结成文、修订文件。

第八步，提出尚未解决的问题。通过检查，对效果还不显著或者效果还不符合要求的一些措施，以及没有得到解决的知识产权问题，将其列为遗留问题，反映到下一个循环中去。

改进阶段是 PDCA 循环的关键。该阶段在于解决存在问题，总结经验和吸取教训。只有将需改进部分标准化和制度化，才能使 PDCA 循环转动向前。

PDCA方法可以理解为"过程方法"的具体化，即将过程展开为策划（P）、实施（D）、检查（C）、改进（A）的循环过程。PDCA不是简单的过程重复，每一次循环都是在一个新的基础上的提升，运用"PDCA方法"与"过程方法"是统一的。基于过程方法的PDCA循环管理模式是一个有效运行和改进的过程，通过策划、实施、检查和改进不断地进行循环式发展的全过程。

高等学校知识产权管理体系的建立与运行，同样包括知识产权管理的策划、实施、检查、改进四个环节。《高等学校知识产权管理规范》采用的过程方法如下。

（1）策划：理解高等学校知识产权管理需求，制定知识产权方针和目标。

（2）实施：在高等学校的科学研究、社会服务、人才培养、文化传承创新活动中融入知识产权管理，进行全过程知识产权管理。

（3）检查：监控和评审高等学校知识产权管理效果。

（4）改进：根据检查结果持续改进高等学校知识产权管理体系。

高等学校在科研、教学活动及知识产权管理工作中，宜结合《高等学校知识产权管理规范》过程方法，并具备PDCA思维，定期将知识产权管理体系实施情况与设定目标相比较，建立评价与改进机制，对各个环节的实施与执行效果进行监控和检查，在不断循环改进的基础上确保知识产权管理体系运行有效。

第三节 《高等学校知识产权管理规范》的术语和定义

标准术语和定义部分界定了本标准涉及的重要术语和定义，并明确GB/T 19000—2008界定的术语也适用于本标准。

一、知识产权（intellectual property）

自然人或法人对其智力活动创造的成果依法享有的权利，主要包括专利权、商标权、著作权、集成电路布图设计权、地理标志权、植物新品种权、未披露的信息专有权等。

【术语理解】

该术语对知识产权的类型给出明确定义，在本书的第一章第一节"高等学校知识产权管理理论基础"的高等学校知识产权客体中对此术语涉及的知识产权类型及其具体内容进行了说明。高等学校在建立、实施运行、持续改进和完善知识产权管理体系的过程中，应充分将上述定义所涉及的知识产权类型纳入知识产权管理体系，不应有所遗漏，但可根据自身的知识产权情况有所侧重。例如，理工类的高等学校可以根据自身情况对专利权的获取、维护、运用、保护的过程管理更为深入、更为详尽。

二、教职员工（faculty and staff）

高等学校任职的教师、职员、临时聘用人员、实习人员，以高等学校名义从事科研活动的博士后、访问学者和进修人员等。

【术语理解】

标准术语清晰界定了教职员工的范围，知识产权管理体系中的"教职员工"不仅包含普通认知中的"教师、职员"，而且"临时聘用人员、实习人员以及以高等学校名义从事科研活动的博士后、访问学者、进修人员等"也属于标准规定的"教职员工"的范畴。

标准所指的教职员工应该是对学校的知识产权直接或间接有影响的人。直接影响的人是直接参与学校的知识产权生命周期运行或管理，可以直接发挥对知识产权绩效作用的人；间接影响的人是通过其工作支持知识产权工作，间接对学校的知识产权绩效发挥作用的人。

此术语在标准正文中共计出现 7 次，主要出现在标准"6.1 人力资源"中。其中,标准"6.1.1人事合同"中出现"教职员工"达5次之多,标准"6.1.2培训"和"7.3其他"中各出现1次。同时,本标准对于"新入职教职员工""与知识产权关系密切的新入职教职员工""离职、退休的教职员工"均有不同要求。因此,正确理解此术语的内涵,方能在体系运行中不遗漏要素,从而降低知识产权风险。

三、学生（student）

被学校依法录取、具有学籍的受教育者。

【术语理解】

此术语明确了高等学校学生的范畴。高等学校学生在进入大学后自主学习能力进一步提升,能发挥个人能动性进行新知识、新技术的钻研,能在教师的指导下进行一些科研活动。研究生往往还会参与导师主持的科研项目,围绕某个课题或者子课题展开具有创新性、研究性的科研活动。因此,学生在校期间参与课题、项目时,发表学术论文、学位论文时,进行学术交流时,毕业离校时均应注意相关的知识产权问题。

四、科研项目（science and technology research project）

由高等学校或其直属机构承担,在一定时间周期内进行科学与技术研究开发活动所实施的项目。

【术语理解】

《质量管理体系 基础和术语》（GB/T 19000—2016）对项目的定义为：由一组有起止日期的、协调和受控的活动组成的独特过程,该过程要达到符合包括时间、成本和资源约束条件在内的规定要求的目标。单个项目可作为一个较大项目结构中的组成部分。在一些项目中,随着项目的进展,其目标才逐渐清晰,产品特性逐步确定〔（GB/T 19000—2008,术语和定义3.4.3）〕。科研项目的目的在于解决经济和社会发展中出现的科学技术问题。

高等学校的科研项目,从学科上可以分为自然科学类科研项目和人文社会科学类科研项目；从项目经费来源上又可分为纵向科研项目和横向科研项目；从项目级别上又可分为重大科研项目、重点科研项目和一般科研项目。不同的科研项目，由于其性质、范围、运作特点不同，本标准也提出了不同的要求。

科研项目与高等学校的知识产权密切相关，涉及知识产权的创造、保护、运用的全过程，涉及知识产权管理体系的核心管理活动。

五、项目组（project team）

完成科研项目的组织形式，是隶属于高等学校的、相对独立地开展研究开发活动的科研单元。

【术语理解】

项目组是高等学校科研实施的基础单元，它是根据科研任务而临时成立的组织。项目组人员组成可以跨科室、跨单位。通常情况下，项目组组长是科研活动的总负责人，职责包括项目组人员的选聘、科研活动的组织、科研活动的经费管理等。

六、知识产权专员（intellectual property specialist）

具有一定知识产权专业能力，在科研项目中承担知识产权工作的人员。

【术语理解】

项目组（或课题组）在开展研究活动过程中，需要具有知识产权专业知识和技能的人，负责科研项目的专利导航和协助项目组长开展知识产权工作。例如，在相关课题研究过程中对专利的布局、分析、挖掘与撰写提供专业指导。

知识产权专员是知识产权专业人才，需要掌握法学、管理学、经济学、自然科学等多个学科的知识，并能够将不同学科知识进行融合，以适应高等学校全过程的知识产权工作需要，为高等学校的知识产权战略发展提供人才保障。

《国家知识产权局办公室关于解释从事知识产权认证活动的相关专业能力要求的函》明确专利代理人资格证可以作为"具有从事知识产权认证活动的相关专业能力要求",高等学校对知识产权专员的知识产权专业能力要求也可参考此要求。

七、专利导航（patent-based navigation）

在科技研发、产业规划和专利运营等活动中,通过利用专利信息等数据资源,分析产业发展格局和技术创新方向,明晰产业发展和技术研发路径,提高决策科学性的一种模式。

【术语理解】

2013年,国家知识产权局开始实施专利导航试点工程,以专利信息资源利用和专利分析为基础,把专利运用嵌入产业技术创新、产品创新、组织创新和商业模式创新,引导和支撑产业科学发展的探索性工作。专利导航有助于推动高等学校建立专利导航科技创新决策机制,将专利运用嵌入高等学校科技创新的全过程,建立以市场需求为导向、以成果转化为目的的高等学校科技创新体系,促使高等学校从国家重大战略需求出发,发挥各高等学校在特长专业领域的创新优势,从而提高高等学校科技创新决策的科学化水平,使创新成果更好地服务于国家科技、经济和社会发展。

第三章 《高等学校知识产权管理规范》条款解读

第一节 文件管理

一、文件类型

【标准条款4.1】

> 知识产权文件包括：
> a) 知识产权组织管理相关文件；
> b) 人力资源、财务资源、基础设施、信息资源管理过程中的知识产权文件；
> c) 知识产权获取、运用、保护等文件；
> d) 知识产权相关的记录文件、外来文件。
> 注1：上述各类文件可以是纸质文档，也可以是电子文档或音像资料。
> 注2：外来文件包括法律法规、行政决定、司法判决、律师函件等。

【理解要点】

ISO 9000《质量管理体系 基础和术语》对文件的定义是：信息及其承载媒介。文件由信息和承载媒介两个要素构成。文件可以是任何媒介形式，如纸张，磁性的、电子的、光学的计算机盘片，照片或标准样品或它们的组合。文件的目的是使高校知识产权管理体系的过程得到有效的运作和实施。

文件的价值是沟通意图、统一行动。文件的使用有助于：

（1）满足相关方对知识产权的要求和绩效改进。

（2）提供适宜的知识产权培训。

（3）实现知识产权重复性和可追溯性。

（4）提供知识产权创造、价值实现、保护、风险控制的客观证据。

（5）评价知识产权管理体系的有效性和持续适宜性。

文件的形成和使用是一个过程。文件的形成本身并不是最终目的，它应是一项增值的活动，在高等学校中建立一个文件化的知识产权管理体系并不要求将体系中所有过程和活动都形成文件，其多少和详略程度取决于学校科研与管理的类型和规模、学科创新过程的复杂性和相互作用、知识产权创造、保护、维护的复杂性、风险的性质与影响、适用的法规要求、经证实的人员能力以及满足知识产权管理体系要求所需证实的程度等诸多因素。

高校知识产权管理体系中使用下列几种类型的文件。

（1）向学校内部和外部提供关于知识产权管理体系符合性信息的文件，这类文件称为知识产权管理手册。

（2）表述知识产权管理体系如何应用于特定项目或工作的文件，这类文件称为知识产权计划。

（3）阐明要求的文件，这类文件称为规范。

（4）阐明推荐的方法或建议的文件，这类文件称为指南。

（5）提供使过程能始终如一完成的信息的文件，这类文件包括形成文件的程序、作业指导书、图样、配方等。

（6）为完成的活动或得到的结果提供客观证据的文件，这类文件称为记录。

每个学校确定其所需文件的数量和详略程度及采用的媒介时，取决于下述因素：学校的类型和规模、科研过程的复杂性和相互作用、知识产权的复杂性、相关方要求、适用的法规要求、经证实的人员能力，以及满足知识产权管理体系要求所需证实的程度。

文件要充分满足知识产权运行和管理的需求，并且应能方便地在各类文件中找到查询文件的途径。

知识产权管理体系文件构架的策划和编写不能孤立地进行，应最大限度地调动学校内各职能和层次的教职员工参与，以便能够更详细、准确地反映知识产权实际的工作状况和要求。学校知识产权相关人员介入越早，涉及的教职员工越多，他们的理解、参与和主人翁意识就越强，形成文件的充分性、适宜性和可操作性就越好。

在编制知识产权程序文件时可具有很大的灵活性，一个文件可包括对一个或多个程序的要求。一个形成文件的程序的要求可以被包含在多个文件中。

知识产权文件是知识产权管理体系的重要组成部分，其管理也需要规范化。本条款明确了高等学校知识产权组织管理文件的范围，不仅包括知识产权获取、维护、运用等文件，也包括人力资源、财务资源、基础设施、信息资源管理过程中的知识产权文件，以及相关的记录文件和外来文件。至于这些文件存在的形式，可以是多种多样的，纸质文件、电子文档或音像资料的形式，都可以作为有效文件执行。

（1）知识产权组织管理相关文件，应为高等学校有关知识产权组织管理的相关文件，这个文件包括与知识产权管理机构组成等有关的所有文件。

（2）人力资源、财务资源、基础设施、信息资源管理过程中的知识产权文件，应为高等学校在人力资源、财务资源、基础设施、信息资源管理过程中，涉及知识产权规范化管理而形成的以指导这些活动有序开展的文件。

（3）知识产权获取、运用、保护等文件，应为高等学校在知识产权日常管理活动中形成的，用于规范知识产权获取、运用、保护等活动的文件。

（4）知识产权相关的记录文件，应为记录高等学校知识产权活动开展证据的文件。知识产权相关的外来文件，主要包括法律法规、行政决定、司法判决、律师函件等。

高等学校在知识产权活动中会使用外来文件，所谓的外来文件，即不是由学校制定编写的文件，但是需要学校执行和/或运用的文件，例如，学校上级的文件，非政府组织发布的文件，同行业/协会发布的文件等，法律法规，国家部门的规章制度、政策等也属于外来文件。高等学校对于外来文件的管理需要控制其来源、发布的时间，应识别其适用性、适用范围等，并且需要控制其有效性，及时跟踪其变化。

从文件的定义出发，在高校组织的知识产权管理过程中的文件可以是规定要求与管理的文件，也可以是知识产权活动过程中形成的记录文件。两者均具备文件的特征，但是从功能、作用角度而言有很大不同，在管理方面也各有其自身特点。

记录是一种特殊的文件，是因为记录的主要作用是对所完成的知识产权活动及其结果提供证据的，并在需要时依据知识产权记录实现可追溯性的要求。所有记录的内容应清晰明确，不同的记录应易于识别，在使用时应便于检索查阅。对知识产权记录的管理应包括以下五个方面。

（1）标识——用适宜的方式对记录做标记，进行标识，如记录的名称、编号、流水号、日期等，以便于识别和查阅。

（2）检索——规定适用的检索方式，以便在需要时能迅速地创造和查阅到所需的记录，如对记录进行编目、归档等。

（3）保留——学校应根据其科研、创新过程/活动、知识产权的特点、法规要求及项目要求等明确规定记录的保留期限。记录的保留期限应与记录反映的过程相适应，在有些情况下，保留期限的规定取决于法律法规的要求、财务要求、知识产权信息价值、科学技术的更新要求等。

（4）贮存和保护——存储方式是为防止记录丢失、损坏、变质或泄露，要适合于记录的介质，以降低风险，应规定适宜的贮存和保护记录的要求、条件和方法，包括有保密要求的记录的贮存和保护。电子文档的存储备份也是记录管理的一部分。

（5）处置——组织应根据知识产权记录的重要性及保密的需要，规定记录的处置方式，如销毁、回收等。

【案例分析】

某高等学校根据自身的管理要求和知识产权发展状况，在策划建立知识产权管理体系过程中，制定和补充了一系列知识产权文件，包括：科研项目管理办法、某学院岗位管理及绩效工资改革实施方案、科技成果转化管理办法、知识产权分级管理及维护控制程序、法律法规和其他要求控制程序、知识产权获取控制程序、知识产权信息发布控制程序、知识产权实施许可和转让控制程序、知识产权风险控制程序、保密控制程序、仪器设备采购管理条例、知识产权争议处理控制程序、商标管理制度、专利管理实施细则、著作权管理制度、商业秘密管理制度、知识产权应急方案、某学院科技成果奖励办法、科技论文发表管理规定、图书馆自动化系统管理规则、人力资源管理制度、财务管理制度、设备资源管理制度、信息管理制度，等等。该高等学校共形成程序和制度文件27份，记录文件34份，基本包含本条款规定的知识产权获取、运用、保护等文件，以及人力资源、财务资源、基础设施、信息资源等管理制度文件等。

二、文件控制

【标准条款4.2】

> 知识产权文件是高等学校实施知识产权管理的依据，应确保：
> a) 发布前经过审核和批准；
> b) 文件内容表述明确、完整；
> c) 保管方式和保管期限明确；
> d) 按文件类别、秘密级别进行管理，易于识别、取用和阅读；
> e) 对因特定目的需要保留的失效文件予以标记。

【理解要点】

（1）知识产权文件是高等学校实施知识产权管理的依据，高等学校的知识产权管理体系文件应为学校知识产权管理体系的有效运行规定准则、方法和要求。文件的正确性、适宜性、可操作性是十分重要的，为此，文件在发布前应经过授权人员批准，不同层次、内容或重要性的文件应该由不同的职能和权限人员进行审查批准，因此，高等学校应规定文件的审查、批准的要求、权限和范围。

知识产权文件必须经过管理者的审核和批准后才能发布；这些文件修订后，在发布前，也必须再次经过审核和批准。

（2）知识产权文件规定的内容应该明确、完整，具有可操作性。在高等学校的知识产权管理体系实施过程中，其组织结构和职责、学术与创新特性、科研教学实施方法、工作流程、上级与相关方的要求、适用的法律法规和标准等都可能会发生改变，这时通常需要对相关文件内容的适用性和充分性进行适应性评审，以便识别对文件进行修改或更新的需求，也可以根据需要对文件进行定期评审，以确定文件是否需要修改或更新。修改或更新后的文件需要再次经过有关授权人员的批准。高等学校应采用适宜的方式确保能识别文件的更改和现行修订状态，如采用控制清单、文件修订表或标识等方式，从而使文件的管理者和使用者能够识别文件的变化和更新情况。

（3）知识产权文件的保管，应该明确保管方式和保管期限，确保这些文件得到有效管理与执行。

（4）知识产权文件的管理，应按照分类、分级的方法进行管理，如每份文件都应有文件类别和秘密级别的标记，通过文件内容标识可以识别是哪种文件，以及文件的类别、文件的修改状态，不同的管理人员易于查询且方便阅读等。分类和分级的具体方式，可以按照高等学校的具体情况确定，也可以执行现有的国家法律法规，如《中华人民共和国保守国家秘密法》就有秘密的分级。识别是采取一定的方式使每一份文件都容易辨别和认识。取用是方便获取或使用相关文件。可以根据文件的功能性、作用、区域、部门、时间等进行分类；可以根据文件的重要程度、敏感度、价值、风险等进行分级。

（5）应确保需要使用文件的教职员工能得到适用版本的有关文件。高等学校使用的知识产权文件会较多，但并不要求每位教职员工都要获得所有的知识产权文件，可以根据人员的工作职责、权限和工作需要，保证相关人员在需要时能够获得或查询与其工作有关的适用版本的文件。通常，文件经过更新后，其更新前的文件就作废了，但有时也会因为不同的特殊情况而在必要时使用更新前的文件。对于一些失效文件因特定目的需要保留的，应该在这些文件上进行标记，具体标记方式可以根据高等学校的具体情况确定，如有的高等学校直接在失效文件上加盖失效印章，并标明失效年月日。

第二节　组织管理

一、校长

【标准条款5.1】

> 校长（或院长）是高等学校知识产权工作的第一责任人，承担以下职责：
> a）批准和发布高等学校知识产权目标；
> b）批准和发布知识产权政策、规划；
> c）审核或在其职责范围内决定知识产权重大事务；
> d）明确知识产权管理职责和权限，确保有效沟通；
> e）确保知识产权管理的保障条件和资源配备。

【理解要点】

本条款指出高等学校最高管理者——校长（或院长）在知识产权管理体系中的职责、任务和作用，以确保领导作用的充分发挥，明确了第一责任人校长（或院长）承担的职能：（1）对学校知识产权目标、知识产权政策、规划的批准；（2）审核和决定知识产权重大事务的责任和权利；（3）分配学校内各级人员的知识产权管理职责和权限；（4）确保对知识产权管理的支持。

高等学校知识产权管理委员会和管理机构制定的知识产权目标、知识产权政策、知识产权规划等文件，必须经过校长审核和批准才能发布实施。重大知识产权事务必须经过校长审核或在校长的职能范围内直接做出决定。例如，用知识产权投资等重大事务。同时，校长（或院长）要明确各个知识产权管理部门承担相应的知识产权管理职能，并配备相应的办公条件和资源设备等，保障各个部门能够有效沟通，保障知识产权管理工作能正常开展。

【案例分析】

某高等学校在知识产权管理体系策划过程中，就明确了校长作为学校知识产权管理的第一责任人所承担的责任：（1）批准和发布知识产权方针、目标，实现知识产权保值增值，确保为实现知识产权管理提供适宜的组织机构和配备必要的资源。（2）批准和发布知识产权政策，明确知识产权管理职责，确保有效沟通。（3）贯彻国家有关知识产权管理工作方针、政策、法律法规，组织最高决策机构决定知识产权重大事务。（4）组织管理评审，最高管理者就管理体系的现状、适宜性、充分性、有效性以及方针和目标的贯彻落实及实现情况进行评价。这些职责基本满足了标准5.1条款的要求。

二、管理委员会

【标准条款5.2】

> 成立有最高管理层参与的知识产权管理委员会，全面负责知识产权管理事务，承担以下职责：
>
> a) 拟定与高等学校科学研究、社会服务、人才培养、文化传承创新相适应的知识产权长期、中期和短期目标；

第三章 《高等学校知识产权管理规范》条款解读

b）审核知识产权政策、规划，并监督执行情况；

c）建立知识产权绩效评价体系，将知识产权作为高等学校绩效考评的评价指标之一；

d）提出知识产权重大事务决策议案；

e）审核知识产权重大资产处置方案；

f）统筹协调知识产权管理事务。

【理解要点】

高等学校知识产权日常事务涉及重大知识产权事务需要处理的，如知识产权的投资、转让以及知识产权发展目标等，都需要高等学校最高管理层参与和相关专家处理。因此，有必要成立有最高管理层参与的知识产权管理委员会，安排高等学校的最高管理层如校长（或院长）或者副校长（或副院长）牵头，全面负责高等学校重要的知识产权管理事务。

（1）应制定符合高等学校发展的知识产权长期、中期和短期目标，这些目标要体现或适应学校的科学研究、社会服务、人才培养、文化传承创新。

（2）对高等学校相关部门制定的知识产权政策、规划进行审核，报上级负责人批准后，监督执行。知识产权政策是指高等学校对知识产权的产出及其运用等工作制定的行动准则。知识产权规划是指高等学校在知识产权发展方面制订的比较长远的计划，是对未来知识产权整体性、长期性、基本性问题的思考和考量，是设计未来整套行动的方案。

（3）绩效评价是组织依照预先确定的标准和一定的评价程序，运用科学的评价方法、按照评价的内容和标准对评价对象的工作能力、工作业绩进行定期和不定期的考核和评价。知识产权管理委员会应负责制定知识产权绩效评价体系，并将其作为高等学校绩效考评的评价指标之一。该绩效评价体系要结合相关部门的知识产权工作职能，预先规定评价的内容、对象和业绩，通过定期或不定期的评价，不断促进知识产权工作。

简而言之，知识产权管理委员会的职能主要是负责制订高等学校的知识产权目标，包含长期目标、中期目标和短期目标；负责审核知识产权管理机构制订的知识产权政策和知识产权规划，并监督其执行情况；负责建立绩效评价体系，评价相关部门的知识产权工作开展情况；负责对高等学校重大知识产权事务提出解决方案，审核知识产权重大资产处置方案；统筹协调知识产权管理事务。

【案例分析】

某高等学校在建立知识产权管理体系时，就充分认识到知识产权管理委员会对知识产权管理的重要性，及时成立了以校长为负责人、各个部门负责人参加的知识产权管理委员会，全面负责学校知识产权管理工作。发布了《关于成立知识产权管理委员会的通知》，明确知识产权管理委员会承担以下职能：（1）拟定与高等学校人才培养、科学研究、社会服务、文化传承相适应的知识产权长期、中期和短期目标。（2）知识产权目标应与知识产权方针保持一致，实施动态管理。（3）审核知识产权政策。（4）审核知识产权工作规划并监督执行。（5）协调知识产权管理各相关部门的关系。（6）形成知识产权重大事务决策方案。（7）审核知识产权重大资产处置方案。（8）建立并实施知识产权绩效评价体系。

从这些职责可以看出，该高等学校对成立知识产权管理委员会并赋予一定的职能基本符合标准5.2条款的要求。

三、管理机构

【标准条款5.3】

建立知识产权管理机构，配备专职工作人员，并承担以下职责：

a）拟定知识产权工作规划并组织实施；

b）拟定知识产权政策文件并组织实施，包括知识产权质量控制，知识产权运用的策划与管理等；

c）提出知识产权绩效评价体系的方案；

d）建立专利导航工作机制，参与重大科研项目的知识产权布局；

> e）建立知识产权资产清单和知识产权资产评价及统计分析体系，提出知识产权重大资产处置方案；
> f）审查合同中的知识产权条款，防范知识产权风险；
> g）培养、指导和评价知识产权专员；
> h）负责知识产权日常管理，包括知识产权培训，知识产权信息备案，知识产权外部服务机构遴选、协调、评价工作等。
> 注：重大科研项目由高等学校自行确定。

【理解要点】

高等学校获取知识产权，在获取之前、获取之后都需要统一规划与管理，实现知识产权的最大价值。这需要成立一个专门的知识产权管理机构，并配备专职工作人员，统一管理高等学校所有的知识产权。

（1）负责制定并实施高等学校知识产权工作规划，该规划为全面长远的知识产权发展计划，是未来知识产权工作的整套行动方案及其具体实施措施。

（2）负责制定并实施包括知识产权质量控制办法、激励制度，以及知识产权运用的策划与管理等制度在内的知识产权政策文件。

（3）负责提出对高等学校整体知识产权工作进行全面评价的绩效评价体系方案。该绩效评价方案应依照预先确定的标准和一定的评价程序，运用科学的评价方法、按照评价的内容和标准对评价对象的工作能力、工作业绩进行定期和不定期的考核和评价。

（4）高等学校专利导航工作，有助于以专利信息资源利用和专利分析为基础，把专利运用嵌入产业技术创新、产品创新、组织创新和商业模式创新之中。因此，知识产权管理机构肩负为高等学校建立专利导航工作机制的重任，并参与重大科研项目的知识产权布局。至于何为重大科研项目，高等学校可以根据具体情况自行确定。

（5）高等学校知识产权重大资产处置牵涉到国有资产处置问题，关系重大。而判断知识产权重大资产的依据应是根据知识产权资产清单和

53

知识产权资产评价及统计分析的结果。因此，高等学校知识产权管理机构应根据学校知识产权的具体情况，负责建立知识产权资产清单和知识产权资产评价及统计分析体系，并在此基础上提出知识产权重大资产处理的方案。

（6）知识产权管理机构应对高等学校签订的各种合同，如劳动合同、采购合同、合作开发合同、代理合同等涉及的知识产权活动进行审核与检查，审查上述环节或活动是否符合高等学校关于知识产权管理的相关规定和要求，防范知识产权风险。

（7）知识产权管理机构应建立培养、指导和评价知识产权专员的机制和措施，并负责培养、指导和评价知识产权专员，不断提升知识产权专员的工作能力与水平。

（8）负责知识产权日常管理，包括知识产权培训，知识产权信息备案，知识产权外部服务机构遴选、协调、评价工作等。

【案例分析】

湖南某大学制定的《知识产权管理办法》，规定学校成立知识产权保护领导小组，由一名副校长负责，全面负责知识产权工作。学校下设知识产权办公室，挂靠在科学技术处。各院（部、所）也成立知识产权工作小组，负责所在单位的知识产权管理工作。学校知识产权工作机构履行以下主要职责。

（1）宣传普及知识产权基本知识，接受师生员工知识产权法律和事务咨询，制订学校知识产权工作规划。

（2）负责学校申请专利、商标注册、计算机软件和基因登记等管理事宜，负责专利权、商标权、软件著作权的维护。

（3）调解处理校内有关知识产权的争议和纠纷。本单位与外单位发生知识产权纠纷与诉讼时，协助学校法律顾问参与调处、诉讼事务。

（4）参与签订或审核学校涉及知识产权内容的合同。

（5）办理对职务发明人、设计人、作者的奖励。

（6）协助院所研究室、实验室制订参观访问制度。

该学校成立了有最高管理层副校长参与的知识产权保护领导小组，并成立了实体管理部门——知识产权办公室，全面负责高等学校的知识产权管理事务，有利于全面统筹管理高等学校知识产权工作。后续还宜进一步结合本标准5.1、5.2、5.3条款的相关要求，对其他管理机构或部门承担的职能予以补充和完善。

四、服务支撑机构

【标准条款5.4】

> 建立知识产权服务支撑机构，可设在图书馆等高等学校负责信息服务的部门，或聘请外部服务机构，承担以下职责：
> a) 受知识产权管理机构委托，提供知识产权管理工作的服务支撑；
> b) 为知识产权重大事务、重大决策提供服务支撑；
> c) 开展重大科研项目专利导航工作，依需为科研项目提供知识产权服务支持；
> d) 受知识产权管理机构委托，建设、维护知识产权信息管理平台，承担知识产权信息利用培训和推广工作；
> e) 承担知识产权信息及其他数据文献情报收集、整理、分析工作。

【理解要点】

高等学校知识产权管理工作的开展需要大量的知识产权服务支撑。例如，知识产权重大事务、重大决策的服务支撑工作、一些重大科研项目的专利导航工作、知识产权信息管理平台的建设和维护工作、知识产权信息利用培训和推广工作、知识产权信息及其他数据文献情报收集、整理、分析工作等。因此，高等学校需要建立知识产权服务支撑机构，或聘请外部服务机构，这个机构的主要任务就是为知识产权管理以及科研群体提供信息支持服务。上述服务支撑工作与信息和文献情报工作密切相关，因此应设立在图书馆等负责信息服务的部门。条件不具备的高等学校，也聘请外部服务机构，明确委托事项和责任。

55

五、学院（系）

【标准条款 5.5】

> 各校属学院（系）、直属机构应配备知识产权管理人员，协助院系、科研机构负责人承担本部门以下职责：
> a) 知识产权计划拟订和组织实施；
> b) 知识产权日常管理，包括统计知识产权信息并报送知识产权管理机构备案等。
> 注：科研机构包括重点实验室、工程中心、工程实验室以及校设研究中心等。

【理解要点】

各校属学院（系）、直属机构作为高等学校的二级管理机构，也承担了大量的知识产权管理工作，同样需要知识产权专职管理人员来承担相应的管理工作。

（1）根据高等学校知识产权工作计划，制定各校属学院（系）、直属机构的知识产权工作计划及其实施方案。一般来说，计划是指根据对组织外部环境与内部条件的分析，提出在未来一定时期内要达到的组织目标以及实现目标的方案途径。知识产权计划是实现知识产权目标以及实现目标的方案途径。

（2）负责知识产权的日常管理工作，主要包括知识产权的获取、维护、保护、运用等活动的管理。在二级机构中，一般还涉及知识产权的上传下达、承上启下的工作。

六、项目组

（一）项目组长

【标准条款 5.6.1】

> 项目组长负责所承担科研项目的知识产权管理，包括：

> a）根据科研项目要求，确定知识产权管理目标并组织实施；
> b）管理科研项目知识产权信息；
> c）定期报告科研项目的知识产权工作情况；
> d）组织项目组人员参加知识产权培训。

【理解要点】

项目组是指为了完成某个特定的任务而把一群人组织在一起的形式，在高等学校以科研为任务的一群人就是项目组，也称课题组。一般来说，项目组负责人为项目组长或课题组长。项目立项后，项目组随之正式成立，涉及项目中的知识产权管理工作也同时启动。

作为项目组长，应根据该项目情况，收集与该项目的有关信息，制定与项目有关的进度，确定并实现该项目的知识产权目标，管理科研项目知识产权信息，定期向上级管理部门报告该项目的研究进度和知识产权情况，组织项目成员参加知识产权知识培训。

（二）知识产权专员

【标准条款 5.6.2】

> 重大科研项目应配备知识产权专员，负责：
> a）科研项目专利导航工作；
> b）协助项目组长开展知识产权管理工作。

【理解要点】

重大科研项目可以由高等学校根据项目的具体情况来确定，一旦确定该项目是重大科研项目，涉及知识产权的管理就应该要加强，该项目需配备知识产权专员。知识产权专员主要是负责该项目的专利导航和协助组长开展科研项目的知识产权日常管理工作。

专利导航是指在科技研发、产业规划和专利运营等活动中，通过利

57

用专利信息等数据资源，分析产业发展格局和技术创新方向，明晰产业发展和技术研发路径，提高决策科学性的一种模式。知识产权专员应重点关注科研项目专利导航工作。

七、知识产权顾问

【标准条款5.7】

> 根据知识产权管理需要，可聘请有关专家为学校知识产权顾问，为知识产权重大事务提供决策咨询意见。

【理解要点】

高等学校根据自身情况以及项目组的需要，决定聘请知识产权顾问，来帮助科研人员分析科研项目的立项、科研路线，确定科研项目的知识产权规划、确定科研成果的知识产权保护形式及其保护范围和申请策略等，也可以为高等学校知识产权重大事务提供决策咨询服务。

【案例分析】

某高等学校根据知识产权管理的需要，结合高等学校知识产权管理专业人员不足的现状，决定在发生专利转移转化、专利侵权/被侵权、重大项目或其他重大知识产权事务时，聘请专利代理机构、专利价值评估分析等机构中的知识产权专家作为高等学校的知识产权顾问，与知识产权管理委员会一同为高等学校的知识产权工作提供决策和咨询意见，具体包括：（1）专利转移转化过程中的专利价值分析。（2）专利侵权的判定与认定。（3）重大科研项目的立项及其研究过程。（4）其他重大知识产权事务。

第三节 资源管理

一、人力资源

(一) 人事合同

【标准条款 6.1.1】

> 人事合同中应明确知识产权内容，包括：
> a) 在劳动合同、聘用合同、劳务合同等各类合同中约定知识产权权属、奖励报酬、保密义务等；明确发明创造人员享有的权利和承担的义务，保障发明创造人员的署名权；明确教职员工造成知识产权损失的责任；
> b) 对新入职教职员工进行适当的知识产权背景调查，形成记录；对于与知识产权关系密切的岗位，应要求新入职教职员工签署知识产权声明文件；
> c) 对离职、退休的教职员工进行知识产权事项提醒，明确有关职务发明的权利和义务；涉及核心知识产权的教职员工离职、退休时，应签署知识产权协议，进一步明确约定知识产权归属和保密责任。

【理解要点】

人员管理是知识产权管理的重要组成部分。当前，高等学校人员流动性大，在人员的入职、在职和离职三个环节中，如人员管理相关措施不到位，对知识产权的获取、运用和保护等都有非常大的影响，特别是一些科研人员掌握了相关科研成果，如果管理不到位，很容易造成知识产权流失，或者在创造新的知识产权时容易发生侵权行为。管理的方法和手段主要就是通过签订劳动合同、保密协议、人员的知识产权背景调查等来约束相关人员。

在签订人事合同（含劳动合同、聘用合同、劳务合同等）时，合同

59

中应有关于知识产权方面的约定，如约定知识产权权属、奖励报酬、保密义务、发明创造人员享有的权利和承担的义务，保障发明创造人员的署名权，明确教职员工造成知识产权损失的责任等。

对入职人员应做知识产权背景调查，主要是了解入职人员以往工作过程中所从事的技术工作内容、所处的技术岗位，关于知识产权管理方面的相关规定、是否与原单位在签订的劳动合同中有关于知识产权的约束、离职时是否签订了竞业禁止协议等内容，避免在不知情的情况下侵犯原单位知识产权，带来不必要的纠纷或争议。与科研和知识产权关系密切的岗位，应要求新入职教职员工签署知识产权声明文件，明确以后的研发成果涉嫌侵犯他人知识产权时的责任承担。

离职或退休的人员，应进行知识产权事项提醒，除了需要明确有关职务发明的权利和义务，还要承担对涉密信息的保密义务等。涉及核心知识产权的教职员工离职、退休时，应签署知识产权协议，协议中主要是明确约定知识产权归属和保密责任。

【案例分析1】周某私自转让职务技术成果获取非法利益案

周某，某大学机械工程系副教授。1991年7月接受该校技术开发公司委托开发大理石超薄板对剖工艺及实验设备，并投资13万元作为研制费。该校机械工程系指派由李、周等四人组成课题组进行研制。1992年5月，校技术开发公司利用该技术成果与广西签订了合作试生产的协议书，并向机械工程系提出，在前一段合作的基础上为广西建厂提供技术服务，该系表示同意。就在校技术开发公司取得一定成果并与广西桂林联合办厂进行试生产期间，周某却同其爱人阎某与济南市郊一村办企业负责人谈判大理石对剖技术转让问题，并于1992年6月，擅自以个人名义与村办企业签订了《技术转让合同》，技术转让费8万元。按照合同规定，周某私自向对方提供了大理石对剖技术的图纸和技术参数，对方分四次付给周某转让费6万元。周某每次收款均写了收据，所收转让费6万元全部占为己有。案发时项目尚未投产，还有2万元未兑现。案发前，周某从未向该校技术开发公司和课题组谈及此事。为隐瞒事实真相，周某与济南村办企业签订的《合同书》中特意写道："乙方（指村办企业）不得转让甲方（指周某）提供的所有技术，并为甲方身份保密，不外传甲方单位、姓名、住址等一切能说明甲方身份的信息。"结果还是被发现并被告到法院。

该案中，周某接受该校委托并利用学校资源开发大理石超薄板对剖工艺，获得的技术成果应属于职务成果，周某私自转让职务技术成果并获取非法利益的行为显然违法。学校为避免技术成果或知识产权流失，应按照本标准6.1.1条款要求，在人事合同中明确约定知识产权权属、奖励报酬、保密义务，以及教职员工的知识产权权利义务、知识产权流失责任等事项。

【案例分析2】对离退休人员的知识产权管理

北京某大学结合高等学校实际情况，不断完善保护知识产权的规章制度，制定了《离职、退休人员知识产权管理条例》。针对学校与其他法人单位共同申请的专利，规定在正式提出申请前，必须签署有关专利申请权属、费用来源、实施转让及产生效益的归属等合同或协议。该校的做法，可有效避免专项目进行的过程中或完成时知识产权的归属或权益分配难以确定的情况，也避免了不必要的纠纷。该管理条例的规定与本标准6.1.1条款的要求基本一致。

（二）教育培训

【标准条款6.1.2】

> 组织开展知识产权培训，包括以下内容：
> a）制定知识产权培训计划；
> b）组织对知识产权管理人员、知识产权服务支撑机构人员、知识产权专员等进行培训；
> c）对承担重大科研项目的科研人员进行知识产权培训；
> d）组织对教职员工进行知识产权培训。

【理解要点】

知识产权培训工作主要是针对教职员工、科研人员以及知识产权管理人员、知识产权服务支撑机构人员、知识产权专员等。

高等学校主管部门应制定当年的知识产权培训计划。培训计划应该明确培训内容、参训人员和组织部门等。

应根据培训计划和培训方案，组织针对知识产权管理人员和知识产权专员的专业培训，不断提升其知识产权工作能力与水平，为高等学校知识产权管理工作的稳步开展提供人才支撑。同时，由于知识产权服务支撑机构在高等学校知识产权管理工作中同样发挥着重要的支撑作用，也应根据培训计划组织针对它们的专业培训，使其知识产权服务能够更好地服务于高等学校知识产权工作的需求。

对于高等学校开展的重大科研项目，由于项目立项、研发等过程中均涉及高等学校的重要科技成果，因此应着重加强对承担该类科研项目的科研人员的知识产权培训，提升知识产权意识，防范知识产权风险。

培训计划中，还应该有针对教职员工的知识产权培训，加强教职员工的知识产权意识。

（三）激励与评价

【标准条款6.1.3】

> 建立激励与评价机制，包括：
> a）建立符合知识产权工作特点的职称评定、岗位管理、考核评价制度，将知识产权工作状况作为对相关院系、科研机构及教职员工进行评价、科研资金支持的重要内容和依据之一；
> b）建立职务发明奖励报酬制度，依法对发明人给予奖励和报酬，对为知识产权运用做出重要贡献的人员给予奖励。

【理解要点】

高等学校主管部门应建立激励与评价机制，及时对相关知识产权管理人员进行激励和评价。

激励是指组织通过设计适当的外部奖酬形式和工作环境，以一定的行为规范和惩罚性措施，来激发、引导、保持和规范组织成员的行为，以有效地实现组织及其个人目标的过程。

评价是指对一件事或人物进行判断、分析后的结论。

高等学校应按照知识产权工作特点，建立职称评定、岗位管理、考核评价制度，将知识产权工作状况作为对相关院系、科研机构及教职员工进行评价、科研资金支持的重要内容和依据之一；应建立职务发明奖励报酬制度，依法对发明人给予奖励和报酬，对为知识产权运用做出重要贡献的人员给予奖励。

【案例分析】

湖南某大学制定的《知识产权管理办法》，规定了职务发明创造或职务技术成果以及职务作品的发明人、设计人及作者依法享有在相关技术文件和作品上署名的权利、获得奖励报酬的权利。职务作品作者享有著作权的，在作品完成两年内学校不使用的，经学校同意，作者可许可第三人或其他单位使用作品，所获报酬由学校与作者按约定比例分配。学校建立这样的制度是希望达到激励的作用，符合本标准 6.1.3 条款要求建立职务发明奖励报酬制度、依法对发明人给予奖励和报酬的要求。

（四）学生管理

【标准条款 6.1.4】

加强学生的知识产权管理，包括：

a）组织对学生进行知识产权培训，提升知识产权意识；

b）学生进入项目组，应对其进行知识产权提醒；

c）学生因毕业等原因离开高等学校时，可签署知识产权协议或保密协议；

d）根据需要面向学生开设知识产权课程。

【理解要点】

本条款针对的学生,是指被高等学校依法录取、具有学籍的受教育者。加强对学生的知识产权管理也是高等学校知识产权管理的重要组成部分,学生在高等学校有机会参与学校的各项教学、科研等工作,经常接触到与知识产权形成比较密切的科研项目,有必要对学生开展知识产权培训,通过系统学习强化知识产权意识。

学生在进入高等学校的科研项目组时,应对其进行知识产权提醒,提高其知识产权意识,防范由于论文发表等造成的知识产权风险。学生因毕业等原因离开高等学校时,可以签署知识产权协议或保密协议,防范其参与项目组知悉的科研成果泄密风险等。高等学校可以根据需要,开设专门的知识产权课程。目前,我国已有部分高等学校开设了知识产权专业课程,对培养学生的知识产权知识非常有帮助。

【案例分析1】

政府有关部门在工作中发现,国内某些知名数据库网站同时刊登了一篇内容敏感的论文。经鉴定,该论文属于秘密级国家秘密。经查,论文作者为某大学研究生张某,其在帮助表弟齐某解决某涉密工程研发的技术难题时,擅自复制了该工程有关算法的部分资料,带回学校进一步研究。后来,张某在撰写毕业论文时,经征求齐某同意,将上述算法作为写作素材,加工整理写入论文。答辩结束后,高等学校按照论文数据库共建协议,通过有关单位将论文刊载在这些数据库网站上,造成泄密。

在职学生通常具有"双重身份",他们既是学生,又是职场工作人员。相比高等学校教师或全日制学生,在职学生参与的科研活动较少。但是,一些在职学生不执行有关保密规定,将工作中接触到的国家秘密随意带入高等学校科研活动中,导致泄密。

【案例分析2】

某法学网站被发现刊登一篇内容敏感的论文,经有关部门鉴定,该论文属于秘密级国家秘密。经查,论文作者为某政法大学在职研究生赵某,其同时是某省政法机关的科长。赵某在撰写硕士学位论文时,利用工作之便，未经领导审批，擅自引用有关涉密文件的内容。论文初稿完成后，赵某将论文提交导师杨某审阅，但未说明里面引用涉密文件。杨某提议将该论文向有关学术期刊投稿，双方商定共署两人名字。随后，杨某通过互联网电子邮箱将文章投给某法学网站及4家学术期刊，被网站录用并刊登，造成泄密。

可见，按照本标准6.1.4条款要求，加强学生的知识产权管理，提升其知识产权意识非常重要，有利于高等学校有效防范知识产权风险。

二、财务资源

【标准条款6.2】

> 设立经常性经费预算，可用于：
> a）知识产权申请、注册、登记、维持；
> b）知识产权检索、分析、评估、运营、诉讼；
> c）知识产权管理机构运行；
> d）知识产权管理信息化；
> e）知识产权信息资源；
> f）知识产权激励；
> g）知识产权培训；
> h）其他知识产权。

【理解要点】

知识产权工作必须有经费的保障，才能顺利开展。高等学校应制定知识产权费用的预算，对知识产权工作的经费应给予足够的保障。编制的费用预算应涉及知识产权的申请、注册、登记、维持、检索、分析、评估、运营、诉讼、激励、培训、机构运行、信息化建设等与知识产权有关的工作。

【案例分析】

某高等学校在制定财务预算时，列出了当年预算给知识产权的费用单，其中明确规定了专利申请费预算金额、维护费预算金额、检索分析费用预算金额、数据库建设与维护费用预算金额、知识产权激励费用预算金额、知识产权评估费用预算金额等。这些财务资源为知识产权工作顺利开展奠定了重要基础。

三、资源保障

【标准条款6.3】

> 加强知识产权管理的资源保障，包括：
> a) 建立知识产权管理信息化系统；
> b) 根据需要配备软硬件设备、教室、办公场所相关资源，保障知识产权工作的运行。

【理解要点】

资源是有效实施知识产权管理体系所必需的，是高等学校通过建立知识产权管理体系及过程实现知识产权目标的必要条件，包括人力资源、基础设施和财务、信息、知识等。

高等学校应根据科研项目的特点、学校规模、知识产权活动的需要等识别对知识产权管理体系资源需求，策划满足需求的措施，确定、提供为建立、实施、保持和改进知识产权管理体系有效运行所需的资源，可在分析自身资源的充分性的基础上，考虑利用外部资源的可行性。

确定和提供资源应考虑：高等学校目前运行知识产权的能力，例如，财务、信息、人力资源及其能力、科研设备和设施。应识别各种现有的资源制约因素，即为减少不良影响或实现目标需要的资源、控制措施。对需要的资源和确保资源提供作出决策，包括外部提供的资源。外部提供的资源可以包括人力资源、信息、专利检索、专利申请、科研基础设施和知识产权创造与保护过程资源、知识资源等。

高等学校对知识产权管理应给予一定的资源保障，才能支撑知识产权工作稳步开展。当前，知识产权信息化管理对于高等学校知识产权工作十分重要,高等学校应建立知识产权管理信息化系统,便于开展知识产权的日常管理工作。同时,还应配备需要的软硬件设备、教室、办公场所,以保障知识产权工作正常运行所必需的基础资源。

四、基础设施

【标准条款6.4】

> 加强基础设施的知识产权管理,包括:
> a)采购实验设备、软件、用品、耗材时明确知识产权条款,处理实验用过物品时进行相应的知识产权检查,避免侵犯知识产权;
> b)国家重大科研基础设施和大型科研仪器向社会开放时,应保护用户身份信息以及在使用过程中形成的知识产权和科学数据,要求用户在发表著作、论文等成果时标注利用科研设施仪器的情况;
> c)明确可能造成泄密的设备,规定使用目的、人员和方式;明确涉密区域,规定参访人员的活动范围等。

【理解要点】

高等学校科研活动比较多,在科研设备及其人员的管理,实验室设备、软件、用品、耗材等采购时以及使用过程中,都有涉及知识产权的管理。高等学校对容易造成泄密的设备和涉密区域,要严格管理相关人员的接触,杜绝泄密途径。而涉及实验室设备、软件、用品、耗材的采购过程中,要明确知识产权的相关责任,使用过程中也要进一步确认所采购的产品没有构成侵犯他人知识产权。

涉及国家重大科研基础设施和大型科研仪器向社会开放时,要遵循《国务院关于国家重大科研基础设施和大型科研仪器向社会开放的意见》(国发〔2014〕70号)等文件规定,做好相关数据等信息的保密,同时要求用户在发表著作、论文等成果时标注利用科研设施仪器的情况。

对实验室或办公室中使用的相关设备,应加强管理,将相关设备登记成册。对有可能造成泄密的设备，应明确规定这些设备的使用目的、使用人员和使用方式，并进行登记。对一些涉密区域，不宜接待外来人员。如有外来人员必须要进入的，应规定参访人员的活动范围等，避免泄密。

五、信息资源

【标准条款6.5】

> 加强信息资源的知识产权管理：
> a) 建立信息收集渠道，及时获取知识产权信息；
> b) 对知识产权信息进行分类筛选和分析加工，并加以有效利用；
> c) 明确涉密信息，规定保密等级、期限和传递、保存、销毁的要求；
> d) 建立信息披露的知识产权审查机制，避免出现侵犯知识产权情况或造成知识产权流失。

【理解要点】

信息资源在知识产权管理过程中能发挥重要作用，尤其是研发、知识产权预警、风险预防等。做好信息资源管理，将会在一定程度上为高等学校赢得更多的权利和利益或最大限度地减少损失。

例如，知识产权预警机制是有效运用信息资源达到知识产权保护，维护产业安全的基础性、前瞻性、预防性的工作，具有重大现实意义。首先，能够防范企业侵犯国外知识产权的行为，及时有效应对发生的纠纷。其次，限制国外知识产权机构在我国关键领域的"跑马圈地"，通过对国外在我国布局的知识产权数量、技术领域等信息的动态监控，预警国外知识产权布局的战略意图，判断国外企业对我国产业造成实质性损害及其威胁或阻碍国内某些产业新建和发展的潜在可能性，提出应对措施以维护产业安全。最后，充分利用信息资源，了解现有技术发展趋势和进展，更好地为本单位的科研服务。

高等学校应确定收集知识产权信息的范围，如外国和相关国际组织的知识产权法律法规和发展战略，对辐射和带动全球经济发展和可能重组全球利益格局的高新技术跟踪和预测，了解竞争对手是谁，规避技术冲突的技术开发路线，对这些高新技术的各国专利拥有情况和专利申请状况的分析，等等。对已经获得的信息进行分析和识别，利用数理统计等工具进行统计、汇总，建立分析与识别模型，定性和定量分析相结合。再对所得到的分析结果进行危机评价，对重要领域、重要行业与已定指标的对比分析，区分目前专利申请或授权处于何种状态等。如果属于正常状态，就要继续进行监控和管理。

高等学校对相关涉密信息应制定保密制度，规定保密等级、期限和传递、保存、销毁的要求。同时还应建立信息披露的知识产权审查机制，避免出现侵犯知识产权情况或造成知识产权流失。

【案例分析】

乐某系某大学一个重点实验室的副教授，其参与了另一所高等学校承接的机密级国家安全重大基础项目的研究，是其中一个子课题的项目负责人。在签订协议书时，乐某违规通过互联网电子邮箱将机密级课题协议书发送到合作单位，被有关部门截获。事件发生后，有关部门给予乐某行政警告处分，取消其3年内承担涉密项目的资格，并责令其在职工大会上做出深刻检查；负有领导责任的实验室负责人崔某也做了书面检查。

该案例给我们的启示在于，高等学校如果能够参照本标准6.5条款要求，明确规定涉密信息，规定保密等级、期限和传递、保存、销毁的要求，以及处理涉密信息的传递与涉密设备的使用目的、人员和方式等，或许能够避免类似的事件发生。

第四节　知识产权获取

一、自然科学类科研项目

（一）选题

【标准条款 7.1.1】

> 选题阶段的知识产权管理包括：
> a）建立信息收集渠道，获取拟研究选题的知识产权信息；
> b）对信息进行分类筛选和分析加工，把握技术发展趋势，确定研究方向和重点。

【理解要点】

科研选题是科学研究过程中很重要的一个环节，而信息的收集与分析又是选题的基础。选题非常重视科学性、可行性、价值性、创新性等，所谓"知己知彼，百战不殆"。因此，科研项目在选题阶段，重视知识产权信息的收集和利用，可以更好地、更全面地了解市场和技术，并且能够更加全面地评估项目风险，把握技术发展趋势，确定研究方向和重点。

高等学校应在选题阶段就建立信息收集渠道，在已知的数据库中，进行知识产权信息的检索调查，获取拟研究选题的知识产权信息，并在此基础上深入分析获取的知识产权信息，掌握技术发展趋势，确定研究方向和重点。

【案例分析】

国内某高等学校为满足教职工及学生在科研项目中对知识产权信息利用的需求，制定《知识产权信息资源控制程序》，该程序能够有效为知识产权信息的检索工作提供指引，确保知识产权信息资源得到充分利用。该程序中给出知识产权信息收集的具体渠道，各院系知识产权工作人员可以选取恰当的渠道，对专业相关知识产权信息进行检索、筛选、分析，编制成《信息分析报告》，并将报告及时传递给院系科研机构和项目组。科研机构和项目组工作人员根据工作需要对与研究领域相关的知识产权信息进行深入研究和持续关注，进而能够有效把握技术发展趋势，确定研究方向和重点。

该高等学校建立的《知识产权信息资源控制程序》完全符合本标准7.1.1条款的要求，能够对高等学校在自然科学类科研项目选题阶段涉及知识产权的信息收集、分析加工、利用等过程进行有效控制。

（二）立项

【标准条款7.1.2】

> 立项阶段的知识产权管理包括：
> a) 进行专利信息、文献情报分析，确定研究技术路线，提高科研项目立项起点；
> b) 识别科研项目知识产权需求，进行知识产权风险评估，确定知识产权目标；
> c) 在签订科研项目合同时，明确知识产权归属、使用、处置、收益分配等条款；
> d) 对项目组人员进行培训，必要时可与项目组人员签订知识产权协议，明确保密条款；
> e) 重大科研项目应明确专人负责专利信息、文献情报分析工作。

【理解要点】

立项阶段是决定项目是否可以进行研究的关键阶段。项目的立项阶段要注重对该研究相关的技术、市场信息进行收集分析，明确研究项目的研究内容，通过评价、分析项目立项后，一方面可通过确定研究路线以及预期研究成果，规划该项目的知识产权目标；另一方面可避免知识产权风险。需要签订研发合同时，合同中要明确知识产权归属、使用、处置、收益分配等条款，在立项环节就明晰约定知识产权事宜。纳入项目的研究人员和其他管理人员，有必要对这些人员进行相关业务培训，签订知识产权协议，

71

确定保密义务，以避免项目进行中可能出现的侵权与泄密等风险。对于重大科研项目，还应明确专人负责专利信息、文献情报分析工作。

【案例分析】

某高等学校为了加强和完善科研项目的知识产权管理工作，实现管理的科学化、规范化、程序化，保证科研项目研究的顺利进行，加速科研课题优秀成果的推广应用，制定《科研项目管理办法》。其中规定：在科研项目立项前，要充分了解拟研究项目的知识产权状况，避免重复研发造成资源浪费，并有效降低知识产权侵权风险。项目组知识产权工作人员要对项目进行知识产权检索，并进行专利信息、文献情报分析，确定科研项目研究技术路线，同时要填写《项目立项报告》和《项目风险评估报告》，对项目可行性、知识产权风险进行评估，确定科研项目的知识产权目标。高等学校专家评委会从发展方向、技术可行性及风险状况、资源条件等角度开展可行性论证综合分析，提出修改意见，直至做出最后结论，对于经过综合论证后，认为可以开题的项目，由主管部门确定项目负责人，负责组织该项目的初步方案论证工作。对确定立项的项目，由项目组从项目方案实施、知识产权风险等角度对项目进行论证，提交项目方案，提出具体的项目实施计划，高等学校科研业务部门再次组织专家和相关人员，对项目方案进行评议。根据评议结果、对方案进行修改完善，确定最终的项目方案和实施计划。

该高等学校通过建立的《科研项目管理办法》，能够有效规范科研项目立项阶段的知识产权管理工作，识别项目知识产权需求，降低知识产权侵权风险，符合本标准7.1.2条款的相关要求。

（三）实施

【标准条款7.1.3】

实施阶段的知识产权管理包括：

a）跟踪科研项目研究领域的专利信息、文献情报，适时调整研究方向和技术路线；

b）及时建立、保持和维护科研过程中的知识产权记录文件；

c）项目组成员在发布与本科研项目有关的信息之前，应经项目组负责人审查；

d）使用其他单位管理的国家重大科研基础设施和大型科研仪器时，应约定保护身份信息以及在使用过程中形成的知识产权和科学数据等内容；

e）及时评估研究成果，确定保护方式，适时形成知识产权；对于有重大市场前景的科研项目，应以运用为导向，做好专利布局、商业秘密保护等。

【理解要点】

研究开发是指各种研究机构、企业为获得科学技术（不包括人文、社会科学）新知识，创造性运用科学技术新知识或实质性改进技术、产品和服务而持续进行的具有明确目标的系统活动。研究开发过程中的知识产权管理主要目的在于跟踪并充分利用现有技术，缩短研发周期、降低研发成本，及时掌握评估并调整研发方向，有效管理研究开发记录文件，同时规避风险，确定有效的保护方式。

应随时跟踪科研项目有关的专利信息、文献情报，一旦发现有与本课题研究内容有冲突或者影响研究结果时，要适时考虑调整研究方向和技术路线，避免重复研究。

知识产权记录是体现课题研究的重要证据之一，应及时建立科研项目过程中的各种知识产权记录文件，并采取相应的保持和维护措施。

项目组成员在发布与本科研项目有关的信息之前，应经项目组负责人审查：课题的项目组成员对本课题的任何研究信息需要对外发布之前，应该向本课题的项目负责人申请并审查，经审查批准后，方能对外发布。

课题研究过程中使用到其他单位管理的国家重大科研基础设施和大型科研仪器的，应事先约定保护身份信息以及在使用过程中形成的知识产权和科学数据等内容并得到执行，避免产生不必要的知识产权纠纷。

在研究过程中获得的研究成果要及时评估，主要是通过评估来确定相关研究成果在何时形成什么样的知识产权。对于重要的科研项目成果，应分析其是否有重大市场前景或社会效益，并在此基础上积极促成运用转化，但事先应做好专利布局、商业秘密保护等。

【案例分析】

某高等学校制定《科研项目管理办法》，其中明确规定项目实施阶段的知识产权管理工作。在科研项目实施阶段，项目组知识产权工作人员要进行跟踪科研项目研究领域的专利信息、文献情报信息，及时反馈至项目负责人，项目负责人根据检索结果确定研发方向是否需要调整，有效避免或降低知识产权侵权风险。项目负责人根据项目方案，统一拟定工作计划，并由项目组成员具体落实。每月项目负责人要召开项目例会，了解项目组成员各项任务完成情况，对照项目工作计划对每月工作情况进行总结，对存在的问题提出解决意见和建议，形成《项目例会纪要/记录》。项目实施过程中，项目组成员根据知识产权目标应及时汇报研究成果，确定保护方式，适时形成知识产权，同时项目负责人应及时建立、保持和维护科研过程中的知识产权记录文件。当项目组成员在发布与本科研项目有关的信息之前，应当履行信息披露审查机制相关要求，填写《信息发布审查表》，经项目组负责人审查，形成项目信息审查记录。

该高等学校通过建立的《科研项目管理办法》，能够有效规范科研项目实施阶段的知识产权管理工作，符合本标准7.1.3条款的相关要求。

（四）结题

【标准条款7.1.4】

> 结题阶段的知识产权管理包括：
> a) 提交科研项目成果的知识产权清单，包括但不限于专利、文字作品、图形作品和模型作品、植物新品种、计算机软件、商业秘密、集成电路布图设计等；
> b) 依据科研项目知识产权需求和目标，形成科研项目知识产权评价报告；
> c) 提出知识产权运用建议。

【理解要点】

科研项目完成后，课题负责人应将全部实验报告、实验记录、图纸、声像、手稿等原始技术资料收集整理后交高等学校科研管理机构归档。

课题负责人对科研项目中形成的知识产权，应列出该项目的知识产权清单，包括但不限于专利、文字作品、图形作品和模型作品、植物新品种、计算机软件、商业秘密、集成电路布图设计等。同时，还应依据科研项目知识产权需求和目标，对科研项目知识产权进行评价并形成评价报告，在上述基础上提出相关知识产权如何运用的建议。

【案例分析】

某高等学校制定《科研项目管理办法》，其中规定有项目结题阶段的知识产权管理工作。在科研项目完成后，项目负责人应组织项目组成员根据项目完成情况编写《项目申请验收报告》，并向知识产权管理机构提交《科研项目成果知识产权清单》。项目负责人依据科研项目知识产权需求和目标，编制形成《项目成果报告》，向知识产权管理机构进行报备，并针对科研项目所产出的知识产权成果提出运用建议，由知识产权管理机构根据建议开展策划推广工作。

该高等学校通过建立的《科研项目管理办法》，能够有效规范科研项目结题阶段的知识产权管理工作，符合本标准7.1.4条款的相关要求。

二、人文社会科学项目类科研项目

【标准条款7.2】

> 加强人文社会科学类科研项目管理，特别是创作过程中产生的职务作品的著作权管理，包括：
> a) 在签订科研项目合同时，应签订著作权归属协议或在合同中专设著作权部分，明确约定作品著作权的归属，署名，著作权的行使，对作品的使用与处置、收益分配，涉及著作权侵权时的诉讼、仲裁解决途径等；

> b）对项目组人员进行培训，并与项目组人员签订职务作品著作权协议，约定作品的权利归属；必要时应采取保密措施，避免擅自先期发表、许可、转让等；
>
> c）创作完成时提交科研项目成果，包括但不限于论文、著作、教材、课件、剧本、视听作品、计算机程序等。
>
> 注：自然科学一般包括理学、工学、农学和医学；人文社会科学一般包括哲学、经济学、法学、教育学、文学、历史学、军事学、管理学和艺术学。

【理解要点】

自然科学一般包括理学、工学、农学和医学；人文社会科学一般包括哲学、经济学、法学、教育学、文学、历史学、军事学、管理学和艺术学。

我国著作权法规定了职务作品的著作权归属法人或其他组织的情形。《著作权法实施条例》明确了职务作品规定中的"工作任务"是指公民在法人或者组织中应当履行的职责，同时明确了行使和利益分配。高等学校应加强人文社会科学类科研项目管理，特别是创作过程中产生的职务作品的著作权管理。

（1）高等学校在签订科研项目合同的过程中，可以通过签订权属协议或者在合同中明确相关权利的归属、署名、使用、处置、收益分配，以及侵权时的诉讼、仲裁解决途径等内容，以明确与委托单位之间关于科研项目中相关成果的权属、利益分配以及处理措施，避免发生纠纷，同时也有利于做好纠纷应对预案。

（2）高等学校应对项目组成员进行必要的知识产权培训，使全体成员充分了解职务作品及其相关权责规定。同时，高等学校管理部门应与项目组成员签订职务作品著作权协议，明确约定作品的权利归属，避免与项目组成员发生关于著作权的纠纷。同时，由于高等学校不少教职员工有以发表科研论文进行职称评审的需求，必要时可对项目组成员采取保密措施，对相关作品按照保密规定的要求进行管理，避免作品被擅自先期发表、许可、转让等，带来知识产权风险。

（3）高等学校应明确规定，项目组在项目完成以后，应及时向上级主管部门提交项目的所有研究成果，提交的成果资料包括但不限于论文、著作、教材、课件、剧本、视听作品、计算机程序等。

【案例分析】

某高等学校制定有《人文社会科学横向项目合同范本》，其中明确双方的责任和义务、成果形式、保密义务、知识产权归属、侵权责任承担等条款。关于知识产权归属，根据双方合作模式以及成果形式的不同可以选择如下不同的执行方式。

（1）受托方在研究工作过程中形成的成果（包括合同约定研究工作中形成的所有工作成果）的知识产权应归委托方享有，未经委托方事先书面同意，受托方不得将其用于本合同目的之外或者允许其他任何第三方使用，但委托方同意乙方享有署名权，并许可乙方在后续科研、教学中免费使用。

（2）受托方在研究工作过程中形成的一切工作成果的知识产权应归受托方享有，但委托方可以在本合同科研目的范围内免费使用。未经受托方事先书面同意，委托方不得允许其他任何第三方使用。

（3）受托方在研究工作过程中形成的一切工作成果的知识产权归属双方共有。关于侵权责任约定：受托方应当保证其交付给委托方的研究成果不侵犯任何第三方的合法权益，如发生第三人指控委托方侵权，受托方应当积极解决争议，并运用法律手段维护双方的合法权益。

该高等学校制定的《人文社会科学横向项目合同范本》符合本标准 7.2a 条款的要求，在签订科研项目合同过程中能够有效规避知识产权风险。

三、其他

【标准条款 7.3】

加强其他方面的知识产权管理，包括：

> a）规范校名、校标、校徽、域名及服务标记的使用，需要商标保护的应及时申请注册；
>
> b）建立非职务发明专利申请前登记工作机制；
>
> c）规范著作权的使用和管理，加强学位论文和毕业设计的查重检测工作，明确教职员工和学生在发表论文时标注主要参考文献、利用国家重大科研基础设施和大型科研仪器情况的要求。

【理解要点】

高等学校除了应加强科研项目获得知识产权的管理外，还有其他类型的知识产权也应加强管理。目前，高等学校校名、校标、校徽、域名以及相关服务标记的使用越发广泛，实践中也有不少高等学校由于管理不够规范产生一些问题。因此，高等学校应加强对上述知识产权的规范管理，必要时应及时申请注册商标，以获得相应的法律保护并规范使用，以维护高等学校的声誉等。

高等学校应建立非职务发明专利申请前登记工作机制，明确登记程序。一般来说，对于非职务发明创造，申请专利的权利属于发明人或者设计人。通过建立健全非职务发明专利申请前登记工作制度，有利于全面掌握高等学校非职务发明专利的申请情况，规范非职务发明专利的认定和管理等。

高等学校应建立著作权的使用和管理制度，明确相关著作权的使用要求。对学位论文和毕业设计，应进行查重检测，避免盲目抄袭导致侵权；应明确教职员工和学生在发表论文时的文献引用要求，对引用的文献要作为参考文献标注，对使用国家重大科研基础设施和大型科研仪器情况的，也需要标注清楚。

【案例分析】

清华大学经国家工商行政管理总局商标局核准于1988年11月21日注册了"清华"商标，早在2006年，"清华大学"在高等学校（教育）、教育、培训类别认定为驰名商标。清华大学对商标的保护不限于"清华""清华大学",还包括"清华园""清华医院""清华五道口"等关联名称,并且有相关校徽、logo、著名景点的图形商标,保护类别众多,仅"清华"二字注册商标就有 50 多个。

扬州清华太阳能公司除在其生产的太阳能热水器产品外包装的落款处及网页的联系方式中使用全称外,在广告、产品、网页的主要或醒目位置均大量使用"清华"字样,并在其产品介绍中标注"清华技术"、使用"清华园+清华二校门图案"等宣传内容。清华大学于 2014 年 9 月 25 日向法院提起诉讼。

清华大学(以下简称"原告")与被告扬州清华太阳能科技有限公司(以下简称"被告")侵害商标权及不正当竞争纠纷一案,原告认为,被告擅自突出使用"清华"名称的行为,企图使消费者对其经营行为和清华大学产生关联,以达到搭便车、傍名牌,使其利益最大化的目的,违反了商标法的相关规定,侵犯了原告的"清华"的商标专用权,同时还违反了反不正当竞争法关于知名服务名称权、虚假宣传的相关规定,对清华大学的声誉造成不良影响,侵害了清华大学百年来建立的良好声誉,构成不正当竞争。

该案例充分说明了高等学校加强规范校名、校标、校徽、域名及服务标记的使用,以及加强商标保护的重要性。因此,建议高等学校按照本标准 7.3 条款要求,加强其他方面的知识产权管理,以降低校名、校标、校徽、域名及服务标记的不当使用或被侵权所造成的损失。❶

---

❶ 荔枝新闻. 清华大学维护注册商标专用权状告扬州公司 [EB/OL]. [2015-04-25]. http://JSqq.com/a/20150425/011098.htm.

第五节　知识产权运用

一、分级管理

【标准条款 8.1】

> 加强知识产权分级管理,包括:
> a) 基于知识产权价值分析,建立分级管理机制;
> b) 结合项目组建议,从法律、技术、市场维度对知识产权进行价值分析,形成知识产权分级清单;
> c) 根据分级清单,确定不同级别知识产权的处置方式与状态控制措施。

【理解要点】

知识产权分级管理就是基于知识产权价值的不同而分成不同级别进行管理,包含不同级别知识产权的处置方式与状态控制措施等。

高等学校应根据自身知识产权的数量及相关情况等,制定知识产权分级管理制度,明确知识产权分级方法、级别、过程和处置管理措施。专业人员从法律、技术、市场维度等方面,对相关知识产权进行价值分析,确定相关知识产权的管理级别,最终形成分级清单,并按照不同级别知识产权的处置方式与状态控制措施进行管理。

【案例分析】

某高等学校制定有《知识产权分级管理办法》,加强对所拥有的专利权、商标权、软件著作权等知识产权进行分级管理。例如,针对专利价值分级,主要从技术先进性、法律稳定性、市场前景三方面因素进行综合考量,设置合理的考核指标,并采取独立分析与综合评价相结合的方法进行论证。分级考核指标中将专利分为一般专利、基础专利、战略性专利,针对不同级别专利采取不同的控制维护措施以及处置方法。

该高等学校通过建立《知识产权分级管理办法》，设定分级考核指标，对知识产权进行分级管理，符合本标准8.1条款的要求。

二、策划推广

【标准条款8.2】

加强知识产权策划推广，包括：

a）基于分级清单，对于有转化前景的知识产权，评估其应用前景，包括潜在用户、市场价值、投资规模等；评估转化过程中的风险，包括权利稳定性、市场风险等；

b）根据应用前景和风险的评估结果，综合考虑投资主体、权利人的利益，制定转化策略；

c）通过展示、推介、谈判等建立与潜在用户的合作关系；

d）结合市场需求，进行知识产权组合并推广；

e）鼓励利用知识产权创业。

【理解要点】

策划推广就是通过各种手段，把信息推广到目标人群。一般先做策划方案，通常以文字或图文为载体，将策划思路与内容客观地、清晰地、生动地呈现出来，并高效地指导实践行动，最终让更多的人和组织机构等了解、接受，从而达到宣传、普及的目的。

知识产权的策划推广，就是要评估相关知识产权的应用前景，包括潜在用户、市场价值、投资规模以及转化过程中的风险等，通过展示、推介、谈判等建立与潜在用户的合作关系，综合考虑投资主体、权利人的利益，以此来制定转化策略，最终结合市场需求进行推广。

高等学校应鼓励高等学校相关人员利用获得的知识产权进行创业。

【案例分析】

北京某大学采取多种措施，促进专利技术的实施转化。

一方面是加强专利筛选和评估，促进专利技术通过许可转让实施转化。自2009年以来，该校积极探索专利技术转移工作，完善专利项目评估和跟踪机制，加强与知识产权和创新服务中介、技术转移中介机构的联系，为高等学校教师提供深入主动的专利申请和技术转移服务。近两年该校获得许可和转让的专利数量超过200余件，技术转让合同额超过8000万元，部分专利技术实现技术出口。

另一方面就是加强与企业合作，通过联合申请专利，促进专利技术的直接实施转化。为推动高等学校科技工作服务国家区域经济发展和行业进步，该校已逐步在省校框架合作、校企战略合作、项目合作三个层次上形成五种不同的合作模式，即地方研究院模式、校企合作委员会模式、产学研合作办公室模式、基金模式和联合研究机构模式。此外，该高校还加强国际技术合作，增强高等学校的科技创新力和国际影响力。"十一五"期间，该校与企业共同申请的专利占高等学校总申请量的29%，为推动专利技术在企业的直接实施转化创造了条件。

该校的措施和做法，对于有转化前景的知识产权，评估其应用前景，包括潜在用户、市场价值、投资规模等，同时也评估了转化过程中的风险，包括权利稳定性、市场风险等，是和本标准的相关要求一致的，建议其他高等学校有条件地适时实施。

三、许可和转让

【标准条款8.3】

> 在知识产权许可或转让时，应遵循下列要求：
> a) 许可或转让前确认知识产权的法律状态及权利归属，确保相关知识产权的有效性；
> b) 调查被许可方或受让方的实施意愿，防止恶意申请许可与购买行为；
> c) 许可或转让应签订书面合同，明确双方的权利和义务；

d）监控许可或转让过程，包括合同的签署、备案、变更、执行、中止与终止，以及知识产权权属的变更等，预防与控制交易风险。

【理解要点】

知识产权许可是指，许可方将所涉知识产权授予被许可方按照约定使用的活动，可以分为独占许可、排他许可、普通许可等。

知识产权转让是指，知识产权出让主体与知识产权受让主体，根据与知识产权转让有关的法律法规和双方签订的转让合同，将知识产权权利由出让方转移给受让方的法律行为。

高等学校在知识产权许可和转让前应进行调查，一方面是查证许可和转让的知识产权权利归属和法律状态，确保相关知识产权的有效性，避免权利纠纷；另一方面要调查被许可方或受让方的实施意愿和实施条件，防止被许可方或受让方恶意申请许可与购买行为。在许可或转让时应签订书面合同，明确双方的权利和义务以及许可的方式、期限和范围。高等学校管理机构对许可或转让过程应全程掌握，包括合同的签署、备案、变更、执行、中止与终止，以及知识产权权属的变更等，预防与控制知识产权许可和转让过程的交易风险。

【案例分析】

知识产权许可或转让时，应遵循一定的要求进行，也就是要有相关制度来规范转让、许可活动。某大学在规范高等学校的知识产权转让、许可时，就制定了专利的转让、许可管理暂行办法，规定了高等学校所有职务专利成果的许可和转让的定价方式与组织、异议处理、协议的签订和备案、利益分配等，基本符合本条款的要求。

四、作价投资

【标准条款8.4】

在利用知识产权作价投资时，应遵循下列要求：

> a) 调查合作方的经济实力、管理水平、生产能力、技术能力、营销能力等实施能力；
> b) 对知识产权进行价值评估；
> c) 明确收益方式和分配比例。

【理解要点】

高等学校应当重视开展知识产权的资产评估工作，同时应加强对知识产权资产评估的组织和管理。高等学校对外进行知识产权转让、许可使用、作价投资入股或者作为对校办科技产业的投入，应当对知识产权进行资产评估。

知识产权作价投资就是以知识产权作为出资合作来参与经营的方式。这种合作要充分考虑合作方的经济实力、管理水平、生产能力、技术能力、营销能力等各项能力。知识产权作价投资还涉及知识产权的技术、经济价值及其定价准则，因此，知识产权作价投资活动前，需要详细评估该知识产权的价值，明确合理的收益方式和分配比例，避免国有资产流失。

【案例分析】

某高等学校为促进科技成果转化，规范知识产权管理，制定有《知识产权与科技成果转移转化管理办法》，并成立知识产权与科技成果转化工作小组，全面负责高等学校科技成果转化工作。该《办法》明确约定在利用知识产权作价投资过程中，要对合作方充分开展尽职调查工作，组成专家组或聘请外部评估机构对拟作价投资知识产权进行价值评估。明确收益分配，以技术入股形式进行科技成果转移转化，或成果完成人自行创办企业实施转化的，原则上成果完成人及其团队可享有一定比例的股权收益，由学校与成果完成人共同商议决定。

该高等学校通过建立《知识产权与科技成果转移转化管理办法》，加强在利用知识产权作价投资时的知识产权管理工作，符合本标准8.4条款的要求。

第六节　知识产权保护

一、合同管理

【标准条款9.1】

> 加强合同中的知识产权管理，包括：
> a) 对合同中有关知识产权的条款进行审查；
> b) 检索与分析、申请、诉讼、管理咨询等知识产权对外委托业务应签订书面合同，并约定知识产权权属、保密等内容；
> c) 明确参与知识产权联盟、协同创新组织等情况下的知识产权归属、许可转让及利益分配、后续改进的权益归属等事项。

【理解要点】

教育部颁布的《高等学校知识产权保护管理规定》第19条规定，高等学校应当规范和加强有关知识产权合同的签订、审核和管理工作。高等学校及其所属单位与国内外单位或者个人合作进行科学研究和技术开发，对外进行知识产权转让或者许可使用，应当依法签订书面合同，明确知识产权的归属以及相应的权利、义务等内容。高等学校的知识产权管理机构负责对高等学校及其所属单位签订的知识产权合同进行审核和管理。

合同管理主要是指项目管理人员根据合同进行项目的监督和管理，是法学、经济学理论和管理科学在组织实施合同中的具体运用。

合同管理是市场经济条件下经营管理的重要内容之一，合同中都有不同程度涉及知识产权的要求，如何加强合同管理，规范合同中知识产权条款进而加强知识产权保护已成为合同管理的必备内容。高等学校对外业务中，也有一些合同需要规范化管理，如检索与分析、申请、诉讼、管理咨询等知识产权对外委托业务签订的合同，以及参加知识产权联盟、协同创新组织等，有必要约定知识产权归属、保密、许可转让及利益分配、后续改进的权益归属等事项。合同涉及的知识产权条款需要专业人员进行审查，确保合同中知识产权约定清楚明了。

【案例分析】

某高等学校为使各学院的合同管理法制化、规范化，使学校的知识产权受到有效维护，并依据相关法律法规制定《合同管理制度》，其中规定合同的订立、变更和解除一律采用书面形式。不同类型的技术合同原则上应采用相对应的国家有关部门统一制定的格式文本；合同项目负责人到知识产权办公室领取统一合同表格，提出合同文本；当签订合同非格式文本时，合同项目负责人与对方共同协商，写出合同书初稿，经对方同意后，项目负责人填写《合同知识产权审查表》，由知识产权办公室负责人和主管领导审查通过后方可签定合同，防止知识产权风险。

该高等学校建立了《合同管理制度》，明确合同签订前的审批机制，能够有效对合同进行规范化管理，防范合同签订执行过程中的知识产权风险，符合本标准 9.1 条款的要求。

二、风险管理

【标准条款 9.2】

> 规避知识产权风险，主动维护自身权益，包括：
> a) 及时发现和监控知识产权风险，制定有效的风险规避方案，避免侵犯他人知识产权；
> b) 及时跟踪和调查相关知识产权被侵权的情况，建立知识产权纠纷应对机制；
> c) 在应对知识产权纠纷时，评估通过行政处理、司法诉讼、仲裁、调解等不同处理方式对高等学校产生的影响，选取适宜的争议解决方式，适时通过行政和司法途径主动维权；
> d) 加强学术交流中的知识产权管理，避免知识产权流失。

【理解要点】

风险是不确定性的影响。所有的组织都面临各式各样的不确定性，学校的管理者在知识产权方面所面临的机遇与风险挑战就是在引领学校提高核心竞争力、创造更大知识产权价值绩效的同时，要确定影响知识产权价值实现和知识产权管理体系的那些不确定性，即确定机遇和风险。标准提出的风险管理，清晰地为高等学校提供了适应不断变化的内、外部环境的理性的思维方式和管理理念，使高等学校能够确定可能导致其知识产权管理体系偏离策划结果的各种因素，采取预防控制，最大限度地利用出现的创新机遇并最大限度地降低不利影响。

基于风险的知识产权管理有助于策划和实施知识产权管理体系过程，并有助于确定成文信息的范围和程度。

为了满足本标准的要求，高等学校需策划和实施应对风险和机遇的措施。在学校实现其预期目标的能力方面，并非知识产权管理体系的全部过程表现出相同的风险等级，不确定性影响对于各学校也不尽相同。学校可以决定是否采用超出本标准要求的更多风险管理方法，如通过应用 ISO 31000 风险管理系列标准。

有时内、外部环境的变化可能导致风险的出现，例如，学校可能需要经过重大改造才能适应的政策变化、技术变化、科研项目模式变化的情况；而某些有利于实现预期结果的情况可能导致机遇的出现，例如，有利于学校吸引社会关注、开发新技术、减少浪费或提高生产率的一系列情形。如何应对风险、利用机遇是组织的管理者应时时思考的问题。利用机遇所采取的措施也可能包括考虑相关风险。应对风险和机遇可以为提高知识产权管理体系有效性、获得改进结果、抓住机遇以及防止不利影响奠定基础。

高等学校的知识产权风险是指专利、商标、商业机密等知识产权在科研、教学、成果转移、使用过程中产生的可能被非法占有、流失、遭受侵权纠纷等风险。

知识产权纠纷是指知识产权人因行使知识产权或不特定第三人侵犯

自己的知识产权与不特定第三人产生的争议。

随着涉外贸易增多，贸易中的知识产权摩擦也越来越多，我国在打火机、摩托车、通信等行业中的许多企业频繁遭到侵权指控，让一些企业谈专利色变。高等学校应提前做好知识产权风险管控工作，制定风险规避方案和知识产权纠纷应对机制，以避免纠纷发生或在遭遇纠纷时最大限度地减少损失，赢得更多的权益。而对一些争议如职务与非职务创造成果权的争议、由人才流动造成的所属权的争议以及学术交流引起的知识产权流失问题等，可以根据建立的知识产权纠纷处理机制，选择合适的处理方式，以防止和减轻知识产权纠纷造成的损害。

为了把握机遇，高等学校应积极采取风险控制措施，风险控制措施可以有：采用新的科研管理结构、提供新技术和服务、使用新方法，或建立与相关方和外部协作方的在线联络系统等，具体的风险控制措施有以下几种。

（1）规避风险。通过分析和追踪，确定风险发生的条件，并采取有效措施规避风险，进而可以保护学校免受风险的影响。风险规避并不意味着完全消除风险，所要规避的是风险可能给学校造成的损失。

（2）为寻求机遇承担风险。由于高等学校科研活动的实际需要，有时完全规避风险是不可能或明显不利的，此时学校就会选择承担一定的风险以抓住其中蕴藏的机会，同时采取有效措施控制风险所造成的损失。

（3）消除风险源。理想的风险控制是采取有效措施消除风险源，将风险降低至零，但现实中很难彻底消除风险。

（4）改变风险的可能性和后果。改变学校现存的不确定性因素以及这些不确定性因素所造成的结果也是风险应对的有效措施。

（5）分担风险。在高校的科研、项目管理活动中，通常风险是不可能完全消除的。在这种情况下，高校可以采取相应措施分担风险，如通过与有能力控制风险的组织共同分担风险来将风险控制在可接受水平，进而可降低高风险对学校所造成的损失。

（6）通过科学决策延缓风险。通过高校的分析和评估，在充分权衡和评价利益、成本和风险的基础上，依靠有效的决策和相应的控制措施，在一定范围内继续保留某些可以接受的风险。

高等学校应针对已确定的风险选择风险管理方案，并将风险管理的基本理念和意识融合到学校的知识产权管理体系中加以实施，提高高校管理绩效，确保高校已定目标能够顺利实现。

【案例分析】

某高等学校建立有《知识产权风险管理控制程序》，对知识产权相关工作中的风险防范提供指引，该高等学校知识产权办公室负责各学院知识产权风险防范的综合管理，负责办公设备、软件侵权、知识产权风险防范；各院系知识产权管理人员负责社会知识产权风险监控工作，各院系知识产权管理人员对相关技术进行知识产权检索分析，防止在研项目或新开发技术存在侵权风险，分析可能发生的纠纷及其对学院的损害程度，提出防范预案，《知识产权风险规避预案》由各院系知识产权管理人员编制，由知识产权办公室进行审核，从而为风险监控发现的潜在风险提供规避依据，符合本标准 9.2a 条款的要求。

第七节　检查和改进

一、检查监督

【标准条款 10.1】

定期开展检查监督，确保知识产权管理活动的有效性。

【理解要点】

高等学校应确定、理解并持续满足学校科研创新的宗旨和要求以及适用的法律法规要求，应在适当阶段实施策划的安排，以验证知识产权管理所需的过程和要求已被满足，确保知识产权管理活动的有效性。学校应确定需要监视和检查的对象，确保有效结果所需要的监视、检查、测评、分析和评价方法。

高等学校对自身知识产权管理体系的建立情况，应制定与其规模匹配的对知识产权管理体系进行检查与监督的制度与流程。同时，通过定期检查与监督的管理，及时发现并纠正知识产权管理体系运行中的问题，不断完善知识产权管理体系，确保知识产权管理活动的有效性。

二、绩效评价

【标准条款10.2】

> 根据高等学校的知识产权绩效评价体系要求，定期对校属部门、学院（系）、直属机构等进行绩效评价。

【理解要点】

高等学校的知识产权管理每一过程都可采用PDCA循环来管理。条款的绩效评价是知识产权管理体系过程中检查"C"的过程，为后续改进"A"过程提供了输入。分析是利用数据和信息，采用分析工具得出结果，评价是在分析结果基础上得出某一结论。监视检查与分析评价是相辅相成的。

学校应分析来自监视和检查的有关过程和知识产权有效性的数据和信息，以确定知识产权是否满足需求，并评价在何处或何时可以进行知识产权管理体系的改进，为采取措施和改进过程、体系、知识产权发现机会，为做出重大决策提供依据。

高等学校针对知识产权管理体系每一个过程的能力（包括是否达到预期效果的知识产权价值实现过程）通过监视和检查进行的评价：可以采取针对知识产权管理体系符合性、有效性的评价，由经过培训掌握内审方法的内审员进行。可以针对知识产权管理体系适宜性、充分性、有效性的评价，由学校最高管理者站在战略的高度进行审视、评价，将知识产权管理体系与内部、外部环境，相关方需求和期望进行比较。在学校内部形成常规的部门监视检查、内部管理体系审核、学校领导层的管理评审三级控制机制。对所有的检查均应进行分析评价，提出后续的改进措施，从而促进知识产权管理体系良性、持续发展。

为确定学校的知识产权管理体系是否实现了预期的结果，学校应结合自身实际具体确定实施所需要的监视和检查，以评价知识产权管理体系绩效和有效性的方法。

监视和检查的对象可以是专利、著作权等知识产权创造、保护、运用过程，目标、绩效、风险、成本等。

监视和检查过程要考虑对过程之间的相互作用、学校职能和层次之间接口的管理和控制。

监视和检查就是对过程和过程的结果进行的监督与管理，学校应对影响知识产权过程能力的因素和输出结果、实现预期结果的情况进行监视和检查，对过程是否具备持续稳定的能力和有效性作出评价。在策划过程时应考虑监视和检查与评价的对象和内容，在何处、何时、使用何种方法、何人进行监视和检查，对知识产权过程（例如，知识产权创造、知识产权的保护、合同、保密、知识产权运用等过程）之前的输入、过程中的活动、过程后的输出均是实施监视和检查的契机。

监视是指"确定体系、过程、产品、服务或活动的状态"（GB/T 19000，3.11.3）；在做出监视或检查的决定时，学校应当考虑到对过程所配置的监视和检查资源。过程的监视和检查可通过直接或间接的方式进行。直接的方式是对过程本身在实施时进行监视和检查，间接的方式是通过其他途径来监视和检查。

对于某个学校来讲，监视和检查的类型和程度需要根据本学校的组织形式、知识产权运行过程的特点和过程对知识产权管理体系有效性的影响来确定，学校应结合自身管理的特点，确定对哪些过程、采用哪些监视和检查的方法等。如对知识产权目标实现情况进行统计、专利审核、知识产权保护过程能力分析等。

绩效评价是组织依照预先确定的标准和一定的评价程序，运用科学的评价方法、按照评价的内容和标准对评价对象的工作能力、工作业绩进行定期和不定期的考核和评价。

高等学校根据制定的绩效评价体系，应定期组织对校属部门、学院（系）、直属机构等部门开展绩效评价活动，来评价高等学校的知识产权管理工作成效。

【案例分析】

某高等学校为了正确评价知识产权工作表现和工作成绩，进一步调动教职员工的知识产权工作积极性，结合高等学校实际制定了《知识产权绩效评价办法》。考核评价对象涵盖校长、知识产权管理委员会、知识产权办公室及知识产权管理体系所覆盖的各院系。考核的内容主要包括知识产权战略规划及目标、知识产权资源管理、知识产权获取、运用、保护、宣传及人才培养等方面，重点考核工作成绩。考核实行领导与群众相结合，日常考核与学期考核、年度考核相结合，定性与定量相结合的方式，同时制定有可量化的《知识产权绩效评价表》。考核结束后，知识产权办公室将考核结果进行汇总，形成《知识产权绩效评价报告》，最终考核结果将作为校内先进单位评选的依据。

该高等学校建立的《知识产权绩效评价办法》，能够有效评价知识产权工作情况以及工作成绩，全面促进知识产权管理水平的提升，符合本标准10.2条款的要求。

三、改进提高

【标准条款10.3】

> 根据检查、监督和绩效评价的结果，对照知识产权目标，制定和落实改进措施。

【理解要点】

知识产权目标是指高等学校制定的知识产权长期、中期和短期目标。

第三章 《高等学校知识产权管理规范》条款解读

根据本标准 10.1 和 10.2 条款活动结果，对照知识产权长期、中期和短期目标，持续发现自身知识产权管理体系中的不足，针对不足制定和落实改进措施，不断提升其有效性、适用性与科学性，与高等学校教学科研等活动实现契合。

改进指提高学校的知识产权管理绩效的活动，活动可以是循环的或一次性的。持续改进是提高绩效的循环活动。从定义的角度看，持续改进是改进的一种方法。改进包含持续改进，还包含纠正、纠正措施、突破性改进、创新和重组。突破性改进是指非连续性的变更，与循序渐进理念形成对照。突破性改进源自创造性的思维，这种思维常常受到挑战性目标的激发。

改进的目的在于通过改进知识产权管理，持续满足学校的办学宗旨和相关方需求和期望，纠正或预防非预期后果，提升学校知识产权管理体系的绩效和有效性。成功的组织总是致力于持续改进。

本条款是知识产权管理体系应用过程方法和 PDCA 管理中的关键环节，即"改进（A）"环节，是提升知识产权管理体系绩效和有效性的重要步骤。学校应持续实施所确定的改进过程，以实现知识产权管理体系有效性螺旋式的提升。

改进的方法可以有多种，可以针对知识产权全寿命周期的价值，也可以针对知识产权管理体系开展改进措施。例如，引导创新，修改和改进现有过程或实施新过程的突破性项目、在现有过程中开展渐进持续的改进活动、纠正所存在不符合的原因。改进的措施可包括以下方面。

（1）改进知识产权价值（如专利质量、著作质量）和作用以满足要求并应对未来的需求和期望。

（2）纠正、预防或减少不利影响。学校应针对知识产权管理存在的问题和竞争威胁、内外部环境的需要实施改进。当针对问题时，首先要针对问题采取纠正或减少不利影响，进而分析问题的性质，确定是否需要在类似过程采取预防措施以防止同类问题的发生。

（3）改进知识产权管理体系的绩效和有效性。通过监视、测量、分析和改进高等学校知识产权管理体系绩效和有效性，学校可以不断完善管理，增强相关方满意。应积极寻求改进的机会，如改进管理习惯行为、改进研发、改进员工激励机制、消除风险、改进科研系统的效率等，以实现更高的知识产权管理绩效。

第四章 《高等学校知识产权管理规范》审核要点

第一节 文件管理

一、文件类型

【标准条款4.1】

> 知识产权文件包括：
> a）知识产权组织管理相关文件；
> b）人力资源、财务资源、基础设施、信息资源管理过程中的知识产权文件；
> c）知识产权获取、运用、保护等文件；
> d）知识产权相关的记录文件、外来文件。
> 注1：上述各类文件可以是纸质文档，也可以是电子文档或音像资料。
> 注2：外来文件包括法律法规、行政决定、司法判决、律师函件等。

【审核要点】

高等学校知识产权管理体系文件应包括知识产权纲领性文件（如知识产权方针、目标、管理手册等），以及各部门具体知识产权管理过程活动文件（如程序文件、制度文件、记录文件、外来文件、绩效评价资料等）。

审核高等学校知识产权管理体系文件是否包括组织管理相关文件、各部门知识产权管理过程活动文件，如人力资源、财务资源、基础设施、信息资源管理过程中的知识产权文件，知识产权获取、运用、保护等文件及其相关记录文件和外来文件。

文件评审时，要结合高等学校所提交的纲领性文件、相应控制程序文件、制度文件、资质文件等系统评价知识产权管理体系文件的符合性、充分性和适宜性。

现场审核时，询问高等学校知识产权主管部门建立知识产权文件的总体情况以及与标准条款的符合、适宜程度，纲领性文件的制定依据、制定策略等。

二、文件控制

【标准条款4.2】

> 知识产权文件是高等学校实施知识产权管理的依据，应确保：
> a) 发布前经过审核和批准；
> b) 文件内容表述明确、完整；
> c) 保管方式和保管期限明确；
> d) 按文件类别、秘密级别进行管理，易于识别、取用和阅读；
> e) 对因特定目的需要保留的失效文件予以标记。

【审核要点】

审核体系文件发布前是否经过审核和批准；文件内容是否采用科学、专业术语等进行清晰完整表述；文件的保管方式和保管期限是否明确；文件是否按不同类别、保密等级进行有效管理，纸质或电子版文件标识是否清楚且易于取用和查阅；因特定目的保留的失效文件是否予以明显标记。

文件评审时，关注纲领性文件的审批记录是否齐全、有效；文件中相应条款是否内容完整、表述规范，是否与相应条款要求一致；关注知识产权文件对各个过程的要求是否充分和明确；查看文件控制是否建立管理过程，保管方式和期限是否明确，如何分级与分类管理。

现场审核时，询问文件管控部门负责人如何实施文件控制，抽查电子或纸质版文件的审批及更改记录是否真实有效；查看文件中各项规定的表述是否清晰、准确，与实际是否相符合；对照相关文件管理规定，现场查看文件保管情况，询问文件的保管期限；现场查看文件如何分级、分类管理，如何体现分级与分类，抽样查看文件是否有统一编号、名称或标识，能否确保易于识别；查看文件的发放记录、发放范围，验证是否能够确保高等学校人员易于取用和阅读；查看已失效但要保留的电子版或纸质版文件有无明显标识，是否能够与现行有效文件进行区分。

【案例分析】

某高等学校知识产权管理相关文件，包括如下三种类别：

（1）体系文件，包括管理手册、程序文件、工作规范、表单和记录。

（2）技术文件，包括与项目有关的图纸、技术规范、项目合同等。

（3）外来文件，包括国家标准、行业标准、科技项目立项要求、供应商资料、外来图纸、认证标准等。

体系文件包括以下类别：

（1）一阶文件（管理手册），从整体上描述、管理体系的纲领性文件。

（2）二阶文件（程序文件），为某一过程（活动）提供关键指导及要求的文件。

（3）三阶文件（工作规范），部门指导性文件，作为各部门管理体系运行的常用实施细则，包括管理标准、部门管理制度、岗位说明书、各类规范。

（4）四阶文件（工作表单），用来收集数据或记录活动的文件，包含OA电子流程对应的文件（表单+流程）。

（5）受控文件，指文件的编写、审批、修改、归档、作废留存、销毁等过程均需得到控制的文件。

(6) 非受控文件，指不受修改、回收、分发、作废留存、销毁等限制或仅供参考的文件。

(7) 临时文件，未经正式审批而需发放使用的文件。

各部门负责本部门运行过程所需文件的编制、修订及审批，具体职责如表4-1所示。

表4-1 各部门在运行过程中的职责

文件类型	制作人	审批人
一阶文件	科研处（知识产权管理主责部门）	校长
二阶文件	部门流程负责人	二级学院院长、相关部门处长
三阶文件	部门流程负责人	相关部门处长
四阶文件	部门流程负责人	相关部门处长

该高等学校知识产权管理文件类别划分清晰，知识产权体系文件能够按其重要程度进一步划分为不同层级，不同层级文件的编制、审批人员明确。体系文件能够做到在发布前经过审核和批准，文件能够按照"受控"与"非受控"进行管理，符合标准条款中知识产权文件控制的规定。

第二节 组织管理

一、校长

【标准条款5.1】

校长（或院长）是高等学校知识产权工作的第一责任人，承担以下职责：

a) 批准和发布高等学校知识产权目标；

b) 批准和发布知识产权政策、规划；

> c) 审核或在其职责范围内决定知识产权重大事务；
> d) 明确知识产权管理职责和权限，确保有效沟通；
> e) 确保知识产权管理的保障条件和资源配备。

【审核要点】

审核高等学校知识产权目标、相关知识产权政策、规划是否由校长（或院长）批准和发布；审核校长（或院长）是否对知识产权重大事务进行审核或决定；审核是否对各部门的知识产权管理职责和权限进行明确，各部门间的沟通是否顺畅，及时有效；审核高等学校管理体系运行的各项资源配置与保障条件是否充分。

文件评审时，查看相关体系文件是否涵盖标准中校长（或院长）的职责要求。

现场审核时，通过与校长（或院长）沟通，了解知识产权目标、政策的批准发布过程，了解知识产权事务的决定过程；了解知识产权目标、政策、规划的制定是否契合高等学校发展战略。审核高等学校组织架构划分、职责描述、职能分配是否清晰，审核各部门间的沟通方式是否顺畅有效。审核人力、财务、信息、基础设施等资源是否能够充分保障体系正常有效运行。

二、管理委员会

【标准条款5.2】

> 成立有最高管理层参与的知识产权管理委员会，全面负责知识产权管理事务，承担以下职责：
> a) 拟定与高等学校科学研究、社会服务、人才培养、文化传承创新相适应的知识产权长期、中期和短期目标；
> b) 审核知识产权政策、规划，并监督执行情况；
> c) 建立知识产权绩效评价体系，将知识产权作为高等学校绩效考评的评价指标之一；

> d）提出知识产权重大事务决策议案；
> e）审核知识产权重大资产处置方案；
> f）统筹协调知识产权管理事务。

【审核要点】

审核高等学校是否成立全面负责知识产权管理事务的知识产权管理委员会，管理委员会负责人是否明确相关管理职责，其中包括：拟定知识产权长期、中期、短期目标；审核知识产权政策、规划，监督规划执行情况；建立知识产权绩效评价体系；提出知识产权重大事务决策议案；对知识产权重大资产处置方案进行审核；整体统筹协调知识产权管理事务。

文件评审时，查看相关体系文件是否涵盖标准中管理委员会的职责要求。

现场审核时，通过与管理委员会负责人沟通，了解知识产权长期、中期、短期目标的制定是否充分考虑高等学校的办学理念、社会责任等。审核管理委员会是否监督促进知识产权发展规划的执行。审核管理委员会是否建立知识产权绩效评价体系，是否对重大知识产权事务提出决策议案，是否对重大资产处置方案进行审核等，关注相关过程、制度的建立实施情况。

三、管理机构

【标准条款5.3】

> 建立知识产权管理机构，配备专职工作人员，并承担以下职责：
> a）拟定知识产权工作规划并组织实施；
> b）拟定知识产权政策文件并组织实施，包括知识产权质量控制、知识产权运用的策划与管理等；
> c）提出知识产权绩效评价体系的方案；

第四章 《高等学校知识产权管理规范》审核要点

> d) 建立专利导航工作机制，参与重大科研项目的知识产权布局；
> e) 建立知识产权资产清单和知识产权资产评价及统计分析体系，提出知识产权重大资产处置方案；
> f) 审查合同中的知识产权条款，防范知识产权风险；
> g) 培养、指导和评价知识产权专员；
> h) 负责知识产权日常管理，包括知识产权培训，知识产权信息备案，知识产权外部服务机构遴选、协调、评价工作等。
> 注：重大科研项目由高等学校自行确定。

【审核要点】

审核高等学校是否建立知识产权管理机构并配备专职知识产权工作人员，管理机构负责人是否明确相关管理职责，其中包括：拟定并组织实施知识产权工作规划；拟定并组织实施知识产权政策文件；提出知识产权绩效评价体系方案；建立专利导航工作机制，参与重大科研项目的知识产权布局；建立知识产权资产清单和知识产权资产评价及统计分析体系，提出知识产权重大资产处置方案；审查合同中的知识产权条款；培养、指导和评价知识产权专员；负责知识产权培训，知识产权信息备案，知识产权外部服务机构遴选、协调、评价工作等日常管理工作。

文件评审时，查看相关体系文件是否涵盖标准中知识产权管理机构的职责要求。通过查看职责分配表，了解各项条款对应的主责部门是否清晰。

现场审核时，询问知识产权管理机构负责人是否配备知识产权专职工作人员，以及人员数量、能力等情况，询问负责人日常的工作职责和业务流程，检查其是否熟悉本部门的主要知识产权职责，询问并了解绩效评价体系的方案是否能够促进标准的实施。

【案例分析】

某高等学校的技术转移中心为知识产权管理机构，配备有 5 名知识产权专职工作人员，技术转移中心主要负责以下知识产权相关工作。

（1）确定高等学校所涉及的知识产权种类，有专利权、商标权、著作权（含计算机软件著作权）、商业秘密；

（2）按标准的要求建立知识产权管理机构和相应的管理程序，规范工作职责，使之形成文件加以实施，建立知识产权绩效评价体系，并持续改进；

（3）知识产权管理机构牵头，依据知识产权方针将知识产权目标分解为可以落实的具体目标，并组织相关单位实施其目标；

（4）知识产权服务机构的遴选、协调、监督、考核；

（5）知识产权信息的收集整理，包含国家和各级政府有关知识产权的法律、法规和政策措施，国内外相关专利文献、商标注册等信息，对专利信息进行分类筛选、分析加工并有效运用；

（6）技术的转移转化管理；

（7）负责本部门知识产权保密条款的执行。

该高等学校技术转移中心作为知识产权管理主责部门，制定了具体知识产权工作职责，并配备有5名知识产权专职人员分别负责不同知识产权管理模块，技术转移中心所承担的知识产权职责能够满足标准要求。

四、服务支撑机构

【标准条款5.4】

建立知识产权服务支撑机构，可设在图书馆等高等学校负责信息服务的部门，或聘请外部服务机构，承担以下职责：

a）受知识产权管理机构委托，提供知识产权管理工作的服务支撑；

b）为知识产权重大事务、重大决策提供服务支撑；

c）开展重大科研项目专利导航工作，依需为科研项目提供知识产权服务支持；

d）受知识产权管理机构委托，建设、维护知识产权信息管理平台，承担知识产权信息利用培训和推广工作；

e）承担知识产权信息及其他数据文献情报收集、整理、分析工作。

第四章 《高等学校知识产权管理规范》审核要点

【审核要点】

审核高等学校是否设立知识产权服务支撑机构，或者聘请外部服务机构对知识产权管理体系有效运行提供支撑服务，明确服务支撑机构相关管理职责，其中包括：提供知识产权管理工作的服务支撑；为知识产权重大事务、重大决策提供服务支撑；开展重大科研项目专利导航工作，依需为科研项目提供知识产权服务支持；建设、维护知识产权信息管理平台，承担知识产权信息利用培训和推广工作；承担知识产权信息及其他数据文献情报收集、整理、分析工作。

文件评审时，查看相关体系文件是否涵盖标准中知识产权服务支撑机构的职责要求。

现场审核时，审核设立服务支撑机构挂靠单位，如图书馆或外委单位，询问负责人日常工作职责和业务流程，所开展的相关业务是否能够为知识产权管理体系的有效运行提供专利导航、信息管理、文献情报收集分析等服务支撑。询问负责人是否借助外聘知识产权代理机构、检索单位等为知识产权管理工作提供支撑服务。

【案例分析】

某高等学校图书馆为本校知识产权服务支撑机构，配备3名知识产权专职人员，主要负责以下知识产权相关工作：

（1）负责贯彻实施高等学校知识产权方针，完成知识产权管理分解目标。

（2）为建立、实施与运行知识产权管理体系提供服务支撑，受管理委员会、知识产权管理机构委托承担知识产权管理体系有效性的检查、监督工作并提出改进措施的建议。

（3）为管理委员会、知识产权管理和运营机构提供服务支撑。

（4）负责建设、维护期刊、杂志等知识产权信息管理平台。

（5）建立信息收集渠道，负责知识产权信息及数据文献资源分类、加工。

（6）为重要科研项目提供全过程知识产权信息服务。

（7）日常专利及论文的查新检索、专利分析。

（8）组织知识产权信息利用培训及推广。

该高等学校将图书馆作为知识产权服务支撑机构，为建立、实施与运行知识产权管理提供有效的支撑服务，所承担的工作包括知识产权信息数据库的维护、知识产权信息及其他数据文献情报收集、整理、分析等，能够有效为重要科研项目提供全过程知识产权信息服务，符合标准条款要求。

五、学院（系）

【标准条款5.5】

> 各校属学院（系）、直属机构应配备知识产权管理人员，协助院系、科研机构负责人承担本部门以下职责：
> a) 知识产权计划拟订和组织实施；
> b) 知识产权日常管理，包括统计知识产权信息并报送知识产权管理机构备案等。
> 注：科研机构包括重点实验室、工程中心、工程实验室以及校设研究中心等。

【审核要点】

审核校属学院（系）、直属机构是否配备知识产权管理人员，协助院系、科研机构负责人承担日常知识产权管理工作，其中包括：知识产权计划拟订和组织实施；统计知识产权信息并报送知识产权管理机构备案等。

文件评审时，查看相关体系文件中记载的各校属学院（系）、直属机构（包括重点实验室、工程中心、工程实验室以及校设研究中心等）的职责是否涵盖条款中要求。

现场审核时，审核各校属学院（系）、直属机构时，询问负责人是否配备知识产权管理人员（可以是知识产权专职工作人员或者联络员），以及人员数量、能力等情况，判断其能否协助院系、科研机构负责人承担本部门的相关职责，询问负责人日常知识产权工作职责和业务流程的开展情况。

六、项目组

(一) 项目组长

【标准条款5.6.1】

> 项目组长负责所承担科研项目的知识产权管理，包括：
> a) 根据科研项目要求，确定知识产权管理目标并组织实施；
> b) 管理科研项目知识产权信息；
> c) 定期报告科研项目的知识产权工作情况；
> d) 组织项目组人员参加知识产权培训。

【审核要点】

项目组是由科研项目的研究人员组成，主要负责人是项目组长，审核科研项目的项目组长是否负责所承担项目的知识产权管理工作，项目组长工作职责应包括：根据科研项目要求，确定并组织实施知识产权管理目标；管理项目所有知识产权信息；定期报告科研项目的知识产权工作情况；组织项目组人员参加相关知识产权培训。

文件评审时，查看相关体系文件记载的项目组长的职责是否包括条款中要求。

现场审核时，询问项目组长所承担科研项目的知识产权管理职责和具体业务流程，检查其是否明确科研项目全过程中的知识产权管理职责。

(二) 知识产权专员

【标准条款5.6.2】

> 重大科研项目应配备知识产权专员，负责：
> a) 科研项目专利导航工作；
> b) 协助项目组长开展知识产权管理工作。

105

【审核要点】

重大科研项目应由高等学校根据自身情况来确定,审核高等学校承担重大科研项目时,项目组是否配备知识产权专员,知识产权专员负责专利导航工作及协助项目组长开展知识产权管理工作。

文件评审时,查看相关体系文件中记载的知识产权专员的职责是否涵盖条款中的要求。

现场审核时,根据高等学校自身情况确定的重大科研项目,询问相关知识产权专员所承担的职责和业务流程,检查其是否熟悉相应知识产权管理职责。

【案例分析】

某高等学校自己内部界定,凡是项目金额在 300 万元以上,或国家部委级的项目均为重大知识产权项目,所有重大科研项目都配备知识产权专员,具体承担如下职责:

(1)收集知识产权信息包括专利和文献,获取所属领域、产业的知识产权信息,对信息进行分析利用,进行知识产权风险评估,为高等学校科研项目提供专利导航;

(2)协助项目组长进行知识产权的日常管理;

(3)组织进入项目组的学生进行知识产权培训,对其进行知识产权相关事项提醒。

该高等学校根据自己内部规定,明确将何种项目列为重大科研项目,针对重大科研项目均配备知识产权专员,承担相关知识产权信息的收集整理、知识产权日常管理等工作,符合标准条款要求。

七、知识产权顾问

【标准条款 5.7】

> 根据知识产权管理需要,可聘请有关专家为学校知识产权顾问,为知识产权重大事务提供决策咨询意见。

【审核要点】

根据高等学校知识产权管理自身需求,审核高等学校是否聘请有关专家为知识产权顾问,为知识产权重大事务提供咨询意见。

文件评审时,查看相关体系文件记载的知识产权顾问的职责是否涵盖条款中要求。

现场审核时,根据高等学校自身实际情况,询问知识产权管理部门负责人是否聘请知识产权顾问为知识产权重大事务提供决策咨询服务。高等学校根据需要聘请知识产权顾问的,以何种形式实施,是否与其签订聘用协议或者发放聘用证书。

第三节 资源管理

一、人力资源

(一)人事合同

【标准条款 6.1.1】

> 人事合同中应明确知识产权内容,包括:
> a) 在劳动合同、聘用合同、劳务合同等各类合同中约定知识产权权属、奖励报酬、保密义务等;明确发明创造人员享有的权利和承担的义务,保障发明创造人员的署名权;明确教职员工造成知识产权损失的责任;
> b) 对新入职教职员工进行适当的知识产权背景调查,形成记录;对于与知识产权关系密切的岗位,应要求新入职教职员工签署知识产权声明文件;
> c) 对离职、退休的教职员工进行知识产权事项提醒,明确有关职务发明的权利和义务;涉及核心知识产权的教职员工离职、退休时,应签署知识产权协议,进一步明确约定知识产权归属和保密责任。

【审核要点】

审核人事合同中是否约定知识产权权属、奖励报酬、保密义务、发明创造人员享有的权利和负有的义务等相关知识产权内容；审核对新入职教职员工是否进行知识产权背景调查，并保留有相应调查记录，对于与知识产权关系密切的岗位，是否签署知识产权声明文件；审核针对离职、退休的教职员工是否进行知识产权离职事项提醒，涉及核心知识产权的教职员工离职、退休时，是否签署知识产权协议，明确约定知识产权归属和保密责任等。

文件评审时，查看相关体系文件及相应管理文件的规定是否符合条款要求、内容完整充分、表述是否规范适宜。

现场审核时，询问人事负责人在处理人事合同等事项时，从知识产权角度考虑，需要注意哪些问题。要求提供人员清单，人员样本量比较大的，合理策划抽样方案，应对最近入职、离职人员的人事合同进行抽样审核，重点关注项目组长、项目研究人员的人事合同，必要时也可以查看体系建立以前签订的人事合同，查看合同内容是否含有标准规定的相关知识产权内容；查看《新入职教职员工清单》，对新入职员工的入职背景调查材料进行查看，抽查项目组长、重要研究人员等与知识产权关系密切的岗位人员是否签署了知识产权声明文件；查看离职、退休的教职员工名单，抽查离职人员的离职手续及相关材料，查看是否包括约谈记录，抽查涉及核心知识产权的教职员工离职、退休材料，查看是否签署了知识产权离职协议。

【案例分析】

某高等学校制定有《教职人员管理办法》，目前拥有教职员工400余人，人员类型包括签订正式聘用合同的在编人员，以及部分与劳务派遣公司签订合同的非在编人员，针对所有在编人员统一签订有制式《聘用合同》，合同中明确员工的知识产权权属、奖励报酬、保密义务等，明确发明创造人员的权利和义务，保障发明人的署名权，明确教职员工造成知识产权损失的责任。由于非在编人员与劳务派遣公司签订有劳务合同，因此入职时补签《保密协议》，保密协议中约定有知识产权权属以及保密条款。

对新入职人员由人教处进行入职知识产权背景调查，填写《入职知识产权背景调查表》，其中涉及离职原因、之前工作中所涉及的知识产权情况、是否与前雇主签订有知识产权声明或者竞业限制协议等内容。对所有离职或退休人员应交回属于高等学校的全部资料、实验数据、仪器设备、样品，进行书面离职提醒，签署《离职知识产权协议》，其中明确职务发明创造的权利义务，严格遵守保守技术秘密的义务。明确约定离职后一定期限内所完成与原课题项目有关的发明创造的知识产权权属。

该高等学校对人员管理规范，制定的《教职人员管理办法》充分完整，其中包含对在职人员、新入职人员、离职退休人员的知识产权管理，制定的《聘用合同》《保密协议》《入职知识产权背景调查表》《离职知识产权协议》等知识产权条款内容充分，符合标准条款要求。

（二）培训

【标准条款 6.1.2】

> 组织开展知识产权培训，包括以下内容：
> a) 制定知识产权培训计划；
> b) 组织对知识产权管理人员、知识产权服务支撑机构人员、知识产权专员等进行培训；
> c) 对承担重大科研项目的科研人员进行知识产权培训；
> d) 组织对教职员工进行知识产权培训。

【审核要点】

审核高等学校是否制订知识产权培训计划；是否组织对知识产权管理人员、知识产权服务支撑机构人员、知识产权专员等开展培训；是否对承担重大科研项目的科研人员进行知识产权培训；是否组织对教职工进行知识产权培训。

文件评审时，查看相关体系文件的规定是否符合标准要求、内容完整充分、表述是否规范适宜。

现场审核时，查看知识产权管理机构的年度培训计划，查看有无涉及知识产权管理人员、知识产权服务支撑机构人员、知识产权专员、承担重大科研项目的科研人员、教职员工等人员的培训计划，查看培训计划的审批记录是否规范。

根据培训计划，查看已完成的相应培训记录（时间、地点、参加人、培训老师、培训内容、考核记录等）是否完整。

【案例分析】

保护知识产权就是保护创新，目前，国内高等学校为更好地给科研成果打造一个完善的知识产权保护链条，促进科技成果转化，纷纷成立知识产权中心。

深圳某大学成立知识产权信息服务中心，除了让师生通过讲座、论坛学习知识产权方面的知识之外，同时还面向全校科研人员，提供专利情报分析、专利检索等具有针对性的专利信息服务课程。

案例中该高等学校成立知识产权信息服务中心，主要负责知识产权管理培训等工作，不仅开展对全体师生的普及型知识产权培训，同时还对科研人员开展专利情报分析、专利检索等具有针对性的特色知识产权培训，符合标准条款要求。

（三）激励与评价

【标准条款6.1.3】

建立激励与评价机制，包括：

a) 建立符合知识产权工作特点的职称评定、岗位管理、考核评价制度，将知识产权工作状况作为对相关院系、科研机构及教职员工进行评价、科研资金支持的重要内容和依据之一；

b) 建立职务发明奖励报酬制度，依法对发明人给予奖励和报酬，对为知识产权运用做出重要贡献的人员给予奖励。

第四章 《高等学校知识产权管理规范》审核要点

【审核要点】

审核高等学校是否建立职称评定、岗位管理、考核评价制度，将知识产权工作作为对院系、科研机构及教职工评价、科研资金支持的重要依据之一；审核高等学校是否建立职务发明奖励制度。

文件评审时，查看相关激励和评价制度文件的规定是否符合标准要求、内容是否完整充分、表述是否规范适宜。

现场审核时，查看是否建立职称评定、岗位管理、考核评价制度；是否建立职务发明奖励报酬制度，询问知识产权管理机构负责人如何将知识产权工作状况作为对相关院系、科研机构及教职员工进行评价、科研资金支持的重要内容和依据，并询问实际执行情况。

审核人事管理等相应部门时，根据职称评定、岗位管理、考核评价制度，抽查上一年度或上一次各主要部门、岗位人员的职称评定、岗位管理、考核评价记录，根据职务发明奖励报酬制度，现场查看职务发明、知识产权运用奖励记录，判断是否符合制度或专利法的要求。

【案例分析】

某高等学校制定有《本科教学工作奖励与积分办法》《科研工作量计分办法》《岗位管理及绩效工资改革实施方案》《校内绩效津贴补充修订意见》等，建立激励与评价机制。

（1）建立符合知识产权工作特点的教师职称评定、岗位考核制度，明确为员工创造的知识产权给予相应的物质奖励和精神奖励。知识产权工作状况作为对院系及教职员工进行评价、科研资金支持的重要内容和依据之一。

（2）奖罚分明，同时明确员工造成知识产权损失应承担的责任。

通过划分教学分、科研分方式对教职员工进行考核，将承担科研、教学项目、编制教材、发表论文、专利申请及授权等作为岗位工资和绩效工资发放依据之一，根据实际完成情况，给予适当奖励和惩罚。

该高等学校通过制定《本科教学工作奖励与积分办法》《科研工作量计分办法》《岗位管理及绩效工资改革实施方案》《校内绩效津贴补充修

订意见》等实现对相关院系、科研机构及教职员工的评价，建立了激励与评价机制，符合标准条款要求。

（四）学生管理

【标准条款6.1.4】

> 加强学生的知识产权管理，包括：
> a) 组织对学生进行知识产权培训，提升知识产权意识；
> b) 学生进入项目组，应对其进行知识产权提醒；
> c) 学生因毕业等原因离开高等学校时，可签署知识产权协议或保密协议；
> d) 根据需要面向学生开设知识产权课程。

【审核要点】

审核高等学校是否组织对学生进行知识产权培训；审核学生进入项目组时，是否进行相关知识产权提醒；审核学生离开高等学校时，是否有签署知识产权协议或者保密协议的情况；审核高等学校是否根据自身需求向学生开设知识产权课程的情况。

文件评审时，查看相关体系文件的规定是否符合标准要求、内容是否完整充分、表述是否规范适宜。

现场审核时，要结合对知识产权管理机构、各项目组、院系、人事管理等部门的审核，审核针对学生建立的知识产权培训；学生进入项目组时，审核对学生的知识产权提醒情况；针对具有重要项目研究经历的学生离职时，是否签署了知识产权协议或保密协议；询问知识产权课程的开设情况。

二、财务资源

【标准条款6.2】

> 设立经常性预算费用，可用于：

> a）知识产权申请、注册、登记、维持；
> b）知识产权检索、分析、评估、运营、诉讼；
> c）知识产权管理机构运行；
> d）知识产权管理信息化；
> e）知识产权信息资源；
> f）知识产权激励；
> g）知识产权培训；
> h）其他知识产权工作。

【审核要点】

审核高等学校是否设立了知识产权经常性预算费用，用于相关知识产权活动事项。

文件评审时，查看相关体系文件的规定是否符合标准要求、内容是否完整充分、表述是否规范适宜。

现场审核时，在财务部门查看高等学校的经常性预算费用，其中是否设立了知识产权方面的年度预算，预算情况如何，是否经过审批。查看财务部门经费使用情况，可通过相关活动费用支出报销凭证、票据等记录证明费用是否用于知识产权相关活动。

三、资源保障

【标准条款6.3】

> 加强知识产权管理的资源保障，包括：
> a）建立知识产权管理信息化系统；
> b）根据需要配备软硬件设备、教室、办公场所相关资源，保障知识产权工作的运行。

【审核要点】

审核高等学校是否建立知识产权管理信息化系统,是否配备软硬件设备、教室、办公场所等相关资源,能够充分保障知识产权工作的有效运行。

文件评审时,查看相关体系文件的规定是否符合标准要求、内容是否完整充分、表述是否规范适宜。

现场审核时,询问部门负责人软硬件资源保障情况,是否能够满足需求。查看知识产权管理信息化系统的建立情况,现场试用相应系统,检查系统能否满足需要;可现场查看教室、办公场所、计算机、打印机等办公设备、设施的配备及使用维护情况,配备是否充分,运行状态是否良好等。

四、基础设施

【标准条款6.4】

> 加强基础设施的知识产权管理,包括:
> a) 采购实验设备、软件、用品、耗材时明确知识产权条款,处理实验用过物品时进行相应的知识产权检查,避免侵犯知识产权;
> b) 国家重大科研基础设施和大型科研仪器向社会开放时,应保护用户身份信息以及在使用过程中形成的知识产权和科学数据,要求用户在发表著作、论文等成果时标注利用科研设施仪器的情况;
> c) 明确可能造成泄密的设备,规定使用目的、人员和方式;明确涉密区域,规定参访人员的活动范围等。

【审核要点】

审核在采购实验设备、软件、用品、耗材时,采购合同中是否明确知识产权条款,在处理实验用过物品时是否进行相应知识产权审查;国家重大科研基础设施和大型科研仪器向社会开放时,审核是否保护用户身份信息以及在使用过程中形成的知识产权和科学数据,是否要求用户在发表著作、论文等成果时标注利用科研设施仪器的情况;审核是否明确可能造成泄密的设备、涉密区域。

文件评审时,查看相关体系文件的规定是否符合标准要求、内容是否完整充分、表述是否规范适宜。

现场审核时,审核部门的采购合同、采购清单等资料,根据具体情况,选择采取抽样方式抽查重要实验设备、软件、用品、耗材的采购合同,检查合同中是否明确了知识产权条款,以及条款的表述是否准确、有效;审核相关部门时,询问负责人如何管理实验用过物品,检查全部重要物品的处理情况,查看相应知识产权检查记录,判断能否避免侵犯他人知识产权;询问如何管理国家重大科研基础设施和大型科研仪器,在向社会开放时,如何保护用户身份信息以及相应的知识产权和科学数据,如何要求用户在发表著作、论文等成果时标注利用科研设施仪器的情况,检查是否在相关文件中明确说明;查看可能造成泄密的设备清单,进行抽样查看,检查是否明确了设备的使用目的、人员和方式,现场查看实际使用情况是否符合相关规定;查看涉密区域清单,查看如何规定参访人员的活动范围,到涉密区域现场查看实际执行情况。

【案例分析】

某高等学校制定有《仪器设备采购、使用管理办法》,其中规定:仪器设备的采购工作归口校实验室与资产处管理,由资产处统一组织实施。仪器设备采购订货合同统一由资产处负责签订,合同中明确知识产权权属、侵权责任承担等知识产权条款。部门需要自购的设备,自购金额在5万元以上的,须经主管校长同意,并在资产处的指导下进行;自购金额在5万元以下的须经资产处同意,可由部门自行采购,自购负责人应向资产处提供有关采购资料。采购涉及知识产权的仪器、设备时,应由资产处或相应部门负责人对仪器、设备供应商进行必要的知识产权背景调查,防止采购的仪器、设备为侵权产品。

仪器、设备对外服务时,应当与用户签订书面合同,约定双方的权利义务,保证服务质量。仪器设备信息由校级仪器设备共享网统一对外宣传，共享校级仪器设备共享网信息资源，及时将大型科学仪器设备加入校级仪器设备共享网，纳入信息管理系统，并全面向社会开放服务，提供优质分析测试服务，为用户提供技术保障和准确可靠的分析测试结果，妥善保管对外服务获得的实验数据，遵守有关知识产权保护的规定，为用户保守技术秘密和商业秘密。

该高等学校制定的《仪器设备采购、使用管理办法》内容充分完整，符合标准要求，能够有效对基础设施的知识产权进行管理。

五、信息资源

【标准条款6.5】

> 加强信息资源的知识产权管理：
> a) 建立信息收集渠道，及时获取知识产权信息；
> b) 对知识产权信息进行分类筛选和分析加工，并加以有效利用；
> c) 明确涉密信息，规定保密等级、期限和传递、保存、销毁的要求；
> d) 建立信息披露的知识产权审查机制，避免出现侵犯知识产权情况或造成知识产权流失。

【审核要点】

审核高等学校是否建立信息收集的渠道，利用所建立的信息收集渠道对知识产权信息进行收集；是否对所收集的信息分类筛选和分析加工，并加以有效利用；是否对涉密信息进行有效管理；是否建立了信息披露知识产权审核机制。

文件评审时，查看相关体系文件及信息披露的知识产权审查机制等文件的规定是否符合标准要求、内容是否完整充分、表述是否规范适宜。

现场审核时，询问部门负责人如何开展信息资源管理工作，通过何种渠道收集知识产权信息，并确保信息获取的及时性，对收集的知识产权信息如何处理加工，提供给哪些部门和人员使用，可进一步追查使用效果；审核相关部门时，询问哪些信息属于涉密信息，保密等级、期限和传递、保存、销毁的要求是否明确，可抽样审查涉密信息，查看执行情况；审核高等学校是否建立知识产权信息披露审查机制，抽查科技论文、专利文件、学术会议的讲座、网站、微信宣传稿件等各类信息发布前的审批情况。

【案例分析】

上海 F 公司经调查发现，北京某高等学校出版社未经许可，于 2004 年 8 月出版的《市场营销实务》一书中使用了 F 公司拥有版权的 3 幅摄影作品，在 2006 年 8 月出版发行的《科技法学》一书封面上使用了 F 公司的另一幅摄影作品，调查发现该出版社的侵权行为后，上海 F 公司多次与其联系，希望协商解决侵权事宜，但均没有得到回应。无奈之下，只好采取法律措施，将其起诉至北京市朝阳区法院，请求法院判令该出版社立即停止侵权行为，进行书面赔礼道歉并赔偿经济损失 4 万元及合理支出 5000 元。该案例说明，高等学校应建立完善的信息披露知识产权审查机制，避免出现侵犯他人知识产权情况，对发布的内容，需要及时地评估，对可能侵犯他人知识产权的情况，进行审批评估。

第四节 知识产权获取

一、自然科学类科研项目

（一）选题

【标准条款 7.1.1】

> 选题阶段的知识产权管理包括：
> a）建立信息收集渠道，获取拟研究选题的知识产权信息；
> b）对信息进行分类筛选和分析加工，把握技术发展趋势，确定研究方向和重点。

【审核要点】

针对自然科学类项目，在选题阶段审核高等学校是否建立了信息收集渠道，通过所建立的信息收集渠道对拟研究课题的知识产权信息进行收集；审核是否对收集的信息进行筛选和分析，从分析数据中掌握研究课题的技术发展趋势，从而确定研究方向和重点。

文件评审时，查看相关体系文件的规定是否符合标准要求、内容是否完整充分、表述是否规范适宜。

现场审核时，询问项目负责人如何开展自然科学类科研项目选题阶段的知识产权管理工作，建立了何种信息收集的渠道，查看项目相关知识产权信息获取及分析加工情况，审核信息检索分析的结果对确定课题研究方向和研究重点的利用程度。

(二) 立项

【标准条款 7.1.2】

> 立项阶段的知识产权管理包括：
>
> a) 进行专利信息、文献情报分析，确定研究技术路线，提高科研项目立项起点；
>
> b) 识别科研项目知识产权需求，进行知识产权风险评估，确定知识产权目标；
>
> c) 在签订科研项目合同时，明确知识产权归属、使用、处置、收益分配等条款；
>
> d) 对项目组人员进行培训，必要时可与项目组人员签订知识产权协议，明确保密条款；
>
> e) 重大科研项目应明确专人负责专利信息、文献情报分析工作。

【审核要点】

审核项目组是否对项目的专利信息、文献情报进行分析，从而确定项目研究技术路线；是否能够识别科研项目的知识产权需求，对项目进行知识产权风险评估，确定项目知识产权目标；在签订科研项目合同时，是否明确约定相应知识产权条款；是否对项目组人员开展专业技能、知识产权知识等培训工作；针对重大科研项目，是否配有专人负责专利信息、文献情报的分析工作。

文件评审时，查看相关体系文件的规定是否符合标准要求、内容是否完整充分、表述是否规范适宜。

现场审核时，询问项目组负责人如何开展自然科学类科研项目立项阶段的知识产权管理工作，审核项目组时，查看项目的专利信息、文献情报分析的记录，查看项目组如何确定研究技术路线，提高科研项目立项起点；是否能够识别科研项目知识产权需求，查看知识产权风险评估记录，以及该项目的知识产权目标；审查科研项目合同，查看相应合同内容是否明确知识产权归属、使用、处置、收益分配等条款；审查项目组人员专业技能、知识产权相关知识的掌握情况，查看对项目组人员的培训实施记录，针对重大项目是否与项目组人员签订专项知识产权协议明确约定保密内容；涉及重大科研项目，查看是否配有专人负责专利信息、文献情报的分析工作。

（三）实施

【标准条款 7.1.3】

> 实施阶段的知识产权管理包括：
>
> a）跟踪科研项目研究领域的专利信息、文献情报，适时调整研究方向和技术路线；
>
> b）及时建立、保持和维护科研过程中的知识产权记录文件；
>
> c）项目组成员在发布与本科研项目有关的信息之前，应经项目组负责人审查；
>
> d）使用其他单位管理的国家重大科研基础设施和大型科研仪器时，应约定保护身份信息以及在使用过程中形成的知识产权和科学数据等内容；
>
> e）及时评估研究成果，确定保护方式，适时形成知识产权；对于有重大市场前景的科研项目，应以运用为导向，做好专利布局、商业秘密保护等。

【审核要点】

审核是否对科研项目的专利信息、文献情报进行跟踪检索，确定是否调整研究方向和技术路线；是否建立、保持科研过程中的知识产权记录文件；对外发布科研项目相关信息前，是否经项目负责人进行审查；使用其他单位国家重大科研基础设施和大型科研仪器时，是否约定保护身份信息以及使用过程中形成的知识产权和科学数据等内容；是否对研究成果进行及时评估，确定保护方式，适时形成知识产权；对于有重大市场前景的科研项目，审核是否进行专利布局、商业秘密保护等工作。

文件评审时，查看相关体系文件的规定是否符合标准要求、内容是否完整充分、表述是否规范适宜。

现场审核时，询问项目组负责人如何开展自然科学类科研项目实施阶段的知识产权管理工作，审核项目组所开展的科研项目，查看是否跟踪科研项目研究领域的专利信息、文献情报，适时调整研究方向和技术路线；查看科研过程中的知识产权记录文件的管理情况；审核项目组成员在发布与本科研项目有关的信息之前，是否经项目组负责人审查，查看相应审查记录；如使用其他单位管理的国家重大科研基础设施和大型科研仪器时，检查是否约定保护身份信息以及在使用过程中形成的知识产权和科学数据等内容；审核项目材料及阶段性汇报材料，查看研发成果是否及时评估确认，检查评估记录，查看项目已产出知识产权情况，确认是否有明确的保护方式和权利归属；对于有重大市场前景的科研项目，检查专利布局、商业秘密保护等工作开展情况。

（四）结题

【标准条款 7.1.4】

> 结题阶段的知识产权管理包括：
>
> a) 提交科研项目成果的知识产权清单，包括但不限于专利、文字作品、图形作品和模型作品、植物新品种、计算机软件、商业秘密、集成电路布图设计等；

> b) 依据科研项目知识产权需求和目标，形成科研项目知识产权评价报告；
> c) 提出知识产权运用建议。

【审核要点】

审核项目结题验收阶段的知识产权管理工作，是否向项目验收单位提交科研项目成果知识产权清单；是否依据科研项目知识产权需求和目标，对项目中产出的知识产权进行评价并形成评价报告；是否提出对项目中产出的知识产权运用建议。

文件评审时，查看相关体系文件的规定是否符合标准要求、内容是否完整充分、表述是否规范适宜。

现场审核时，询问项目负责人如何开展自然科学类科研项目结题阶段的知识产权管理工作，审核向项目验收单位提交的科研项目成果知识产权清单，是否包括但不限于专利、文字作品、图形作品和模型作品、植物新品种、计算机软件、商业秘密、集成电路布图设计等；抽查科研项目知识产权评价报告，对项目中产出的知识产权可从法律维度、技术维度、市场维度等方面进行评价，评价是否达到预期目标；审核是否提出知识产权运用方面的建议。

二、人文社会科学类科研项目

【标准条款 7.2】

> 加强人文社会科学类科研项目管理，特别是创作过程中产生的职务作品的著作权管理，包括：
> a) 在签订科研项目合同时，应签订著作权归属协议或在合同中专设著作权部分，明确约定作品著作权的归属，署名，著作权的行使，对作品的使用与处置、收益分配，涉及著作权侵权时的诉讼、仲裁解决途径等；

> b) 对项目组人员进行培训，并与项目组人员签订职务作品著作权协议，约定作品的权利归属；必要时应采取保密措施，避免擅自先期发表、许可、转让等；
>
> c) 创作完成时提交科研项目成果，包括但不限于论文、著作、教材、课件、剧本、视听作品、计算机程序等。
>
> 注：自然科学一般包括理学、工学、农学和医学；人文社会科学一般包括哲学、经济学、法学、教育学、文学、历史学、军事学、管理学和艺术学。

【审核要点】

针对人文社会科学类科研项目知识产权管理，审核在签订科研项目合同时，是否约定作品著作权归属，署名，著作权的行使，对作品的使用与处置、收益分配，涉及著作权侵权时的诉讼、仲裁解决途径等知识产权条款；审核是否对项目组人员开展专业技能、知识产权知识等培训工作，是否与项目组人员签订职务作品著作权协议，约定作品的权利归属等知识产权条款，查看是否采取保密措施，避免擅自先期对作品发表、许可、转让等；审核作品创造完成时是否有科研成果产出。

文件评审时，查看相关体系文件的规定是否符合标准要求、内容是否完整充分、表述是否规范适宜。

现场审核时，询问项目负责人如何开展人文社会科学类科研项目的知识产权管理工作，特别是创作过程中产生的职务作品的著作权管理。抽查科研项目合同，查看是否签订著作权归属协议或在合同中专设著作权部分，明确约定作品著作权的归属，署名，著作权的行使，对作品的使用与处置、收益分配，涉及著作权侵权时的诉讼、仲裁解决途径等知识产权条款；检查是否对项目组人员开展专业技能、知识产权知识等培训，查看培训实施记录，审查与项目组人员签订职务作品著作权协议情况，抽查职务作品著作权协议是否约定作品的权利归属，审查是否采取相应保密措施，避免擅自先期对作品发表、许可、转让等；抽查项目材料，查看创作完成时产出的科研项目成果情况，科研项目成果包括但不限于论文、著作、教材、课件、剧本、视听作品、计算机程序等。

三、其他

【标准条款7.3】

> 加强其他方面的知识产权管理，包括：
> a) 规范校名、校标、校徽、域名及服务标记的使用，需要商标保护的应及时申请注册；
> b) 建立非职务发明专利申请前登记工作机制；
> c) 规范著作权的使用和管理，加强学位论文和毕业设计的查重检测工作，明确教职员工和学生在发表论文时标注主要参考文献、利用国家重大科研基础设施和大型科研仪器情况的要求。

【审核要点】

审核是否对校名、校标、校徽、域名及服务标记规范使用，是否注册商标；审核是否建立非职务发明专利申请前登记工作机制；审核是否规范著作权的使用和管理，加强学位论文和毕业设计的查重检测工作，审核教职员工和学生在发表论文时，是否标注主要参考文献、利用国家重大科研基础设施和大型科研仪器情况的要求。

文件评审时，查看相关体系文件的规定是否符合标准的要求、内容完整充分、表述是否规范适宜。

现场审核时，查看相应文件，询问知识产权管理机构负责人如何开展标准条款相应的知识产权管理工作。

审查校名、校标、校徽、域名及服务标记的使用是否规范管理，是否对校名、校标、校徽等需要保护的已进行注册商标；根据非职务发明专利申请前登记工作相关文件，查看非职务发明专利申请登记执行情况；审查学位论文和毕业设计的查重检测工作情况，是否按照相关规定执行，审查教职员工和学生在发表论文时标注主要参考文献、利用国家重大科研基础设施和大型科研仪器情况的要求是否明确,可抽样审查实际执行情况。

【案例分析】

国内某大学发表声明称:"一段时期以来,社会上不时有单位或者个人,通过网络、媒体、宣传单等各种方式,发布与我校或我校下属机构合作办学或联合成立相关机构的不实报道,不仅误导、欺骗了公众,侵犯了他们的合法权益,而且严重侵犯了我校的名称权、名誉权和商标权,在社会上造成了不良影响。"

高等学校名称以及相关标志,在传统的教育领域和产业化的商业领域,都已经成为重要的无形资产。社会上一些企业盗用高等学校名义从事教育培训、科技服务以及在企业名称、商标上非法使用高等学校标志的问题日益严重,严重损害了高等学校的权益,误导了社会公众。

高等学校要加强知识产权管理,规范校名、校标、校徽、域名及服务标记的使用,需要商标保护的应及时申请注册,制定出一套完备的规章。

例如,某高等学校制定有《校名校标管理办法》,其中规定如下:

学校教职工及其他各类人员使用校名、校标的,仅限于在职务活动和非商业性、非经营性活动中表明身份。

未经学校授权或批准,任何单位和个人不得以营利为目的使用校名、校标,不得以任何名义出让校名、校标的权益。

任何单位或个人在使用学校校名、校标时不得随意更改,不得使用与校名、校标相似以及可能影响学校声誉的文字和图案。

经授权或批准使用校名、校标的单位或个人,应当在授权或批准的范围和期限内使用,不得将使用权进行转让或许可他人使用。

未经授权或批准擅自使用校名、校标的,学校将追究有关单位和人员的责任。

学校所属单位或个人与校外企事业单位或个人签订技术合同时,应当符合下列要求:经学校批准,合同中明确约定使用校名、校标等无形资产的，应当在合同约定的范围内使用；合同中应当约定，使用校名、校标不含使用学校其他无形资产的权利；未经学校同意，合同另一方不得擅自使用校名、校标从事其产品的宣传和销售活动；学校各单位对使用校名、校标的活动须严格掌握控制并跟踪检查，发现问题及时处理。每年进行一次复核。凡违反国家及学校规定的，取消其使用资格。在平时经检查发现问题的应及时纠正，必要时将进行批评、罚款及取缔。

学校各单位及全体师生员工均应维护学校校名、校标权益，防止学校的合法权益受到侵害。凡侵犯校名、校标权益者，学校将严肃查处直至追究侵权人的法律责任、行政责任。

第五节　知识产权运用

一、分级管理

【标准条款8.1】

加强知识产权分级管理，包括：
a）基于知识产权价值分析，建立分级管理机制；
b）结合项目组建议，从法律、技术、市场维度对知识产权进行价值分析，形成知识产权分级清单；
c）根据分级清单，确定不同级别知识产权的处置方式与状态控制措施。

【审核要点】

审核高等学校是否基于知识产权价值分析结果，建立分级管理机制；是否结合项目组的建议，从法律、技术、市场维度对知识产权进行价值分析，形成知识产权分级清单；是否根据分级清单，确定不同级别知识产权处置方式与状态控制措施。

文件评审时，查看相关体系文件的规定是否符合标准要求、内容是否完整充分、表述是否规范适宜。

现场审核时，审核知识产权管理机构负责人如何开展知识产权分级的管理工作，是否基于知识产权价值分析，建立分级管理的机制，知识产权价值分析，可以是对知识产权进行价值评估，从法律、技术、市场等维度来分析确定知识产权现在的价值和通过未来的效应所得到的价值，最终体现在知识产权所能够带来的利益上，评估分析的方式可以是内部组成评估组进行自评，也可以聘请专业的评估机构来进行；审查高等学校是否对知识产权进行分级管理，并形成分级清单；查看知识产权分级清单，询问分级依据，抽查知识产权的价值分析报告，检查价值分析工作的有效性，根据分析结果，查看采取了何种处置方式与状态控制措施，是否符合相关规定。

【案例分析】

某高等学校制定有《知识产权分级及维护管理办法》，其中规定，知识产权的评估主要是针对专利展开，专利的评估主要包括以下两方面：专利分级评估和专利价值的评估。

针对专利分级评估，知识产权管理部门每年应组织开展1~2次专利分级评估工作。专利评估专家组原则上由专利发明人、专利涉及领域的该高等学校或校外专家组成，必要时可外聘。评估工作主要依据包括：专利的技术先进性、专利的法律风险和专利的市场价值等。

专利分级评估时，每项被评估专利应填写制式《专利分级评估表》，在评估后给出分级结论。

针对评估结论，知识产权管理部门应根据各类知识产权的核心等级情况在相应的台账中予以登记、明确，并分配不同等级的管理资源。

（1）核心专利：核心专利是专利运营的主要运作目标，维持年限至少3年以上；必要时可开展进一步的专利价值分析，并进行专利挖掘和布局；转让/许可前需经最高管理者审批同意。

（2）次核心专利：次核心专利是专利运营的次级运作对象，若3年内没有发生转移转化，原则上学校不再进行专利权的维持，交由发明人决定是否权力的维持,并且费用由发明人支出。

(3) 一般专利:一般专利非专利运营的目标,只用于项目验收,随着项目的结题而结束。

该高等学校所建立的《知识产权分级及维护管理办法》,主要从专利的技术先进性、专利的法律风险、专利的市场价值等维度进行分析评估,能够有效对知识产权进行分级管理,符合标准条款要求。

二、策划推广

【标准条款8.2】

> 加强知识产权策划推广,包括:
> a) 基于分级清单,对于有转化前景的知识产权,评估其应用前景,包括潜在用户、市场价值、投资规模等;评估转化过程中的风险,包括权利稳定性、市场风险等;
> b) 根据应用前景和风险的评估结果,综合考虑投资主体、权利人的利益,制定转化策略;
> c) 通过展示、推介、谈判等建立与潜在用户的合作关系;
> d) 结合市场需求,进行知识产权组合并推广;
> e) 鼓励利用知识产权创业。

【审核要点】

审核是否对有转化前景的知识产权进行评估,评估其应用前景、转化过程中的风险等;是否根据评估结果,综合考虑投资主体、权利人的利益,制定转化策略;是否通过展示、推介、谈判等与潜在用户建立合作关系,结合市场需求,进行知识产权组合并推广,鼓励利用知识产权创业。

文件评审时,查看相关体系文件的规定是否符合标准要求、内容是否完整充分、表述是否规范适宜。

现场审核时,询问知识产权管理机构负责人如何开展知识产权策划推广的管理工作,是否根据知识产权分级清单,综合考虑潜在用户、市场价值、投资规模、权利稳定性、市场风险等因素对知识产权进行评估;抽样审核应用前景和风险的评估报告,询问根据评估结果制定转化策略的情况,检查评估和转化工作的有效性;审查高等学校采取了何种措施对知识产权进行推广,如何鼓励利用知识产权进行创业。

三、许可和转让

【标准条款8.3】

> 在知识产权许可或转让时,应遵循下列要求:
> a) 许可或转让前确认知识产权的法律状态及权利归属,确保相关知识产权的有效性;
> b) 调查被许可方或受让方的实施意愿,防止恶意申请许可与购买行为;
> c) 许可或转让应签订书面合同,明确双方的权利和义务;
> d) 监控许可或转让过程,包括合同的签署、备案、变更、执行、中止与终止,以及知识产权权属的变更等,预防与控制交易风险。

【审核要点】

审核知识产权许可或转让过程中的知识产权管理,许可或转让前是否通过检索方式确认知识产权的法律状态及权利归属,确保相关知识产权的有效性,是否调查评估被许可方或受让方的实施意愿、实施能力等,防止恶意申请许可与购买行为发生;审核许可或转让时签订的书面合同中是否明确双方的权利和义务等知识产权条款;审核是否对许可或转让过程实施监控,包括合同的签署、备案、变更、执行、中止与终止,以及知识产权权属的变更等,预防与控制交易风险。

文件评审时,查看相关体系文件的规定是否符合标准要求、内容是否完整充分、表述是否规范适宜。

现场审核时,询问知识产权管理机构负责人如何开展知识产权许可或转让的管理工作，检查是否制定有相关规定，并按照规定执行。审查体系运行期间知识产权许可和转让清单，查看事前的知识产权法律状态及权利归属确认记录，通过检索对上述清单中知识产权法律状态及权属情况进行验证，重点关注确认时间节点；审查对被许可方或受让方的实施意愿的评估调查记录，可从被许可方或受让方的资金实力、人员规模、生产能力、技术实力等方面进行评估调查；审查许可或转让活动是否均签订了书面合同，查看合同中是否明确了双方的权利义务；审查如何监控许可或转让过程，如何预防与控制交易风险，抽查许可或转让活动的监控记录，查看记录的管理情况，评价监控工作的有效性。

【案例分析】

山东某大学毕某某教授的科研团队，历经13年，于2011年发明了无氯氟聚氨酯化学发泡剂，为产业发展找到新出路，这是目前除水以外，唯一能反应产生二氧化碳气体的有机化合物，不仅绿色环保，而且成本更低，国家知识产权局成立专门工作组和专家团队进驻该大学，对项目做了全面分析后确认"无氯氟聚氨酯化学发泡剂是一个革命性的、颠覆性的发明"。2016年6月，毕教授团队申报了4项国家发明专利和1项国际专利。

毕教授率领的研究团队研发的科研成果"无氯氟聚氨酯新型化学发泡剂"，被淄博市临淄区补天新材料技术有限公司用5亿元人民币买断20年独占许可使用权。[1]

以上案例说明，近年来，我国高等学校积极打造专利转化运用这把开启创新和市场宝库的"金钥匙"，使得科研人员实施专利转化运用的积极性大大提高，各高等学校纷纷响应。在此过程中，高等学校要充分确认知识产权的法律状态及权利归属，确保相关知识产权的有效性，同时防止恶意许可与购买行为的发生，要充分调查被许可方或受让方的实施意愿，签订许可或转让书面合同，明确双方的权利和义务，从而有效降

---

[1] 王建国. 5亿元买个"补天"成果，值！[N]. 科技日报（数字版），2018-11-15（6）.

低知识产权风险发生。

四、作价投资

【标准条款8.4】

> 在利用知识产权作价投资时，应遵循下列要求：
> a) 调查合作方的经济实力、管理水平、生产能力、技术能力、营销能力等实施能力；
> b) 对知识产权进行价值评估；
> c) 明确受益方式和分配比例。

【审核要点】

审核高等学校利用知识产权作价投资过程中的知识产权管理，是否调查合作方的经济实力，从管理水平、生产能力、技术能力、营销能力等实施能力开展调查；是否对作价投资的知识产权进行评估；是否明确收益方式和分配比例。文件评审时，查看相关体系文件是否符合标准要求、内容是否完整充分、表述是否规范适宜。

现场审核时，询问知识产权管理机构负责人如何开展利用知识产权作价投资的管理工作，审查是否按照规定执行；抽查体系运行期间利用知识产权作价投资情况，审查针对项目合作方的调查记录、知识产权价值评估记录；查看签订的合作合同或协议中是否明确受益方式和分配比例。

【案例分析】

上海某大学"腔镜手术机器人"项目，学校在课题组原有公司的基础上，将知识产权转让给课题组，由课题组采用知识产权增资方式将知识产权注入公司。2019年2月，该项目成功获得A轮资金6000万元，实现科技创业的初级目标。

四川某大学医院自2018年起开始建立完善科技成果转化考核评价体系，已将科研成果转化纳入个人、科室、医院的考核指标中。医院还推行了将技术成果作价入股的改革尝试，2018年以系列科技成果作价8.23亿元新成立8家公司，科研人员均获得90%股权奖励。❶

高等学校利用知识产权作价投资能为其带来丰厚的收益，在获得丰厚收益的同时也要规避知识产权风险，需按照标准要求，作价投资前，充分调查合作方的经济实力、管理水平、生产能力、技术能力、营销能力等，对知识产权进行价值评估，签订知识产权投资协议或合同中明确受益方式和分配比例。

第六节　知识产权保护

一、合同管理

【标准条款9.1】

> 加强合同中的知识产权管理，包括：
> a) 对合同中有关知识产权的条款进行审查；
> b) 检索与分析、申请、诉讼、管理咨询等知识产权对外委托业务应签订书面合同，并约定知识产权权属、保密等内容；
> c) 明确参与知识产权联盟、协同创新组织等情况下的知识产权归属、许可转让及利益分配、后续改进的权益归属等事项。

【审核要点】

审核高等学校在签订合同前是否对合同中有关知识产权条款进行审查；审核知识产权对外委托业务是否签订书面合同，合同中是否约定知识产权权属、保密等内容；审核在参加知识产权联盟、协同创新组织等情况下是否明确科研项目成果的知识产权权属、许可转让及利益分配、后续改进的权益归属等。

---

❶ 中国科技成果转化2018年度报告［R/OL］.［2020-03-05］.http：//cx.xinhuanet.com/2019-03/19/c_137906397.htm.

文件评审时，查看相关体系文件的规定是否符合标准要求、内容是否完整充分、表述是否规范适宜。

现场审核时，审核高等学校是否对标准中涉及合同条款中的知识产权内容进行审查，其中包括6.1.1人事合同、6.4a采购合同、7.1.2c和7.2a科研项目合同、8.3c许可转让合同、9.1b知识产权服务合同，查阅相应合同审查过程记录。询问知识产权管理机构负责人是否建立有合同管理规定，合同如何管理和审查，评价合同内容与知识产权条款的审查是否充分和有效；审核知识产权对外委托业务是否签订有书面合同，合同中的知识产权权属约定、保密内容是否完整有效；审核高等学校在参与知识产权联盟或者协同创新组织等情况下，是否签订有相关协议，并在协议中明确约定有知识产权归属、许可转让及利益分配、后续改进的权益归属等事项。

【案例分析】

国内某高等学校制定有《合同管理办法》，其中包括以下几点。

（1）合同中对风险责任的承担做出明确约定，各方主观上无过错的，各自承担各方产生的损失，不以任何理由向另一方主张赔偿；若学校在主观上存在过错且导致另一方损失的，承担的损失赔偿金额不超过按合同已收取的总金额。

（2）合同中应对所产生的科研成果知识产权归属及权益分配做出明确约定，原则上科研成果知识产权应约定归属学校或按照一定比例共同享有。

（3）所有合同签订前，根据合同签订的授权权限确定审批环节并填写《合同审批表》，对合同中知识产权条款进行审核和签批，防范知识产权风险。

该高等学校制定的《合同管理办法》，对合同中知识产权条款的审查、知识产权权属、权益分配、风险承担等做出明确约定，能够有效降低合同签订过程中的知识产权风险，符合本标准中合同管理条款规定。

二、风险管理

【标准条款9.2】

> 规避知识产权风险，主动维护自身权益，包括：
> a) 及时发现和监控知识产权风险，制定有效的风险规避方案，避免侵犯他人知识产权；
> b) 及时跟踪和调查相关知识产权被侵权的情况，建立知识产权纠纷应对机制；
> c) 在应对知识产权纠纷时，评估通过行政处理、司法诉讼、仲裁、调解等不同处理方式对高等学校产生的影响，选取适宜的争议解决方式，适时通过行政和司法途径主动维权；
> d) 加强学术交流中的知识产权管理，避免知识产权流失。

【审核要点】

审核高等学校是否监控知识产权风险，制定有效的风险规避方案，避免侵犯他人知识产权；是否及时跟踪和调查相关知识产权被侵权情况，建立知识产权纠纷应对机制；在应对知识产权纠纷时，是否进行评估，选取适宜的争议解决方式；在学术交流过程中，是否能够有效对知识产权进行管理。

文件评审时，查看相关体系文件的规定是否符合标准要求、内容是否完整充分、表述是否规范适宜。

现场审核时，询问知识产权管理机构负责人，目前存在哪些知识产权风险，是如何进行监控，并确保能够及时发现风险，审查是否制定有知识产权风险规避方案，查看相关监控记录，评价监控工作的有效性。询问管理机构负责人采取了哪些措施，确保及时发现和监控知识产权被侵权的情况。根据知识产权的具体情况，重点关注这些措施是否充分和有效；审核高等学校是否有知识产权纠纷情况发生，在处理知识产权纠纷时，是否评估了诉讼、仲裁、和解等不同处理方式的影响，选取适宜的争议解决方式，降低自身损失；审核在学术交流中是如何开展知识产权管理的，查看相应活动记录，评价管理工作的有效性，该过程应与知识产权信息披露相关联，进行相应的审批工作，避免知识产权流失。

【案例分析】

某高等学校制定有《知识产权风险应急管理办法》，其中规定如下几点。

（1）专利权被侵权的应对，知识产权中心组织聘请对本行业比较熟悉、经验丰富的专利律师以及专利发明人等组成应急小组，收集侵权事实的证据和侵权者情况，制定纠纷应对方案，应对方案需报知识产权管理者代表审阅，校长批准。

（2）被指控专利侵权的应对，由知识产权中心核实警告信或起诉状的内容，确认所谓的侵权行为是否发生、是否为该高等学校所为。如果是该高等学校所为，则做好以下工作：知识产权中心组织聘请对本行业比较熟悉、经验丰富的专利律师以及当事部门人员组成应急小组；并组织当事部门调查分析该专利侵权是否成立；知识产权中心针对涉案的专利开展检索分析，评估是否有可能宣告该专利无效，如果该专利权无法宣告无效，及时停止侵权行为，并由应急小组积极争取与专利权人达成和解协议，减少损失。

该高等学校制定的《知识产权风险应急管理办法》，明确自有知识产权被侵权时以及侵犯他人知识产权时的应对措施，符合标准条款要求。

第七节　检查和改进

一、检查监督

【标准条款10.1】

定期开展检查监督，确保知识产权管理活动的有效性。

【审核要点】

审核高等学校是否定期开展内部检查监督工作，确保知识产权管理活动的有效性。

文件评审时，查看相关体系文件检查监督的规定是否符合标准要求、内容是否完整充分、表述是否规范适宜。

现场审核时，询问知识产权管理机构负责人如何策划定期开展检查监督工作，发现的问题是否及时整改，确保知识产权管理活动的有效性。

二、绩效评价

【标准条款 10.2】

> 根据高等学校的知识产权绩效评价体系要求，定期对校属部门、学院（系）、直属机构等进行绩效评价。

【审核要点】

审核高等学校知识产权绩效评价体系建立情况，是否对校属部门、学院（系）、直属机构等进行绩效评价。

文件评审时，查看相关体系文件的规定是否符合标准要求、内容是否完整充分、表述是否规范适宜。

现场审核时，审核高等学校是否单独建立了知识产权绩效评价体系，或者是否在整体绩效评价体系中包含知识产权绩效评价，高等学校绩效评价是从高等学校资源利用效益方面评价高等学校的绩效，审核知识产权绩效评价体系的实施情况和结果，是否对校属部门、学院（系）、直属机构等进行绩效评价。

三、改进提高

【标准条款 10.3】

> 根据检查、监督和绩效评价的结果，对照知识产权目标，制定和落实改进措施。

【审核要点】

审核高等学校是否根据检查、监督和绩效评价的结果，对照知识产权目标，对所存在的问题或不足，制定和落实改进措施。

文件评审时，查看相关体系文件的规定是否符合标准要求、内容是否完整充分、表述是否规范适宜。

现场审核时，询问知识产权管理机构负责人对知识产权管理体系的运行是如何改进提高的，查看针对审核结果制定的改进措施，并评价改进工作的有效性。

【案例分析】

国内某高等学校制定有《内审控制程序》，对知识产权管理体系所开展的活动进行审核，确认其运行结果是否符合要求，保证知识产权管理体系的有效运作，为体系的持续改进提供依据。

科研处在每年年初制订年度内部审核计划，报管理者代表核准；年度审核计划包括审核目的、范围、频次及时间安排，并依照《审核问题点改善跟踪表》进行跟踪。

该学校规定每年进行一次内部审核，审核内容应涵盖该高等学校各体系的所有活动及所涉及的所有部门，当管理体系发生重大变化或重大事故时，管理者代表可根据需要组织专题性审核。

依据年度审核计划之安排，管理者代表在内部审核前指定审核组长；审核组长依审核员资格要求，选择审核员，经管理者代表核准后，组成审核组；审核员依据审核分工，收集审核准则并依据审核准则制定《内部审核检查表》。

该学校制定的《内审控制程序》，能够有效指引学校内部审核工作的开展，识别体系运行过程中的不足，能够保证知识产权管理体系运行的适宜性和有效性，符合标准条款要求。

第五章　上海电力大学知识产权管理体系建设良好案例

一、单位简介

上海电力大学（以下简称"学校"）创建于1951年，长期隶属于国家电力部门。学校历经了上海电业学校、上海动力学校、上海电力学校、上海电力高等专科学校、上海电力学院的发展演变，目前是中央与上海市共建、以上海市管理为主的全日制普通高等院校，是一所以工科为主，兼有理、文、管、经等学科，主干学科电力特色明显的高等学校。1985年起开始本科层次办学，2006年成为硕士学位授予单位，2018年成为博士学位授予单位，形成学士、硕士、博士完整的学位授权体系。学校现有杨浦、浦东（位于临港新片区）两个校区。全日制在校生1.2万余人，教职工1000余人。2018年，经教育部批准同意，学校正式更名为"上海电力大学"。

多年来，学校始终坚持"立足电力、立足应用、立足一线"的办学方针，树立"务实致用，明理致远"的办学理念，以"高质量、有特色"为目标，实行多层次、多规格、多形式办学，坚持面向国家需求和电力生产，培养基础理论扎实、实践能力强的高等工程技术人才。2019年，学校获批上海市高水平地方应用型高校建设试点单位，支持学校以能源电力为特色，聚焦清洁安全发电、智能电网、智慧能源管理三大学科专业，开展高水平地方应用型高校试点建设。

学校始终把科技创新作为推动高水平大学建设的源泉和动力，坚持以服务国家战略、行业需求和地方社会经济发展为牵引，在基础研究、工程应用和产学研合作等方面开展科学研究和技术攻关。学校拥有国家大学科技园、国家技术转移示范中心及11个省部级以上科研平台。学校拥有一个国家级工程实践教育中心，一个大学生创新基地。

近年来，学校科研综合实力明显增强，科研总经费有较大幅度增长，主持和参与各类科研项目近千项，其中国家"973""863"课题、国家重点研发计划、国家自然科学基金项目、国家社会科学基金项目、教育部新世纪优秀人才资助计划、上海市科委重大（重点）科技攻关项目、上海市哲学社会科学规划项目、上海市优秀学科带头人计划、青年科技启明星计划、浦江人才计划、曙光计划、晨光计划、阳光计划等多种类高水平科研项目和人才培养项目500多项。

二、贯标背景

在当前国家能源战略调整和上海建立全球有影响力的科技创新中心的背景下，在电力行业技术发展和地方经济社会发展迫切需要高水平复合型电力人才的新形势下，学校的科研和科技创新工作正面临前所未有的发展机遇和挑战。高校是通过技术转移、成果转化等，将其创新成果产品化、产业化，从而将科技转化为现实生产力。高校知识产权，一方面体现了高校及其科研人员创新能力和科研水平，另一方面也是高校服务于国家科技、经济和社会发展的职能体现。推动高校知识产权工作的核心是运用，而知识产权创造、管理、保护等其他工作都是为知识产权运用而服务。高校知识产权管理是关系到我国科技成果保护、科技创新能力提升的重要环节。

2013年，学校获批上海市知识产权局"专利试点单位"建设项目，2015年顺利通过验收，2016年又获批上海市知识产权局"专利示范单位"建设项目，并于2018年顺利通过验收。依托专利试点示范项目的实施，学校建立了能源、电力、环保3个主要学科领域的专题数据库，专利数据来源有中国国家知识产权局、欧专局、美专局、日专局等，该数据库具有专利分类导航、专利数据复制转移、二次检索、解读文件加载、专利说明书调取存储、专利分析等功能，可以跟踪同行业专利信息，分析专利权利要求，对学校教师的科研工作起到了良好作用。这些项目的实施，提升了学校知识产权管理水平。

但是，学校知识产权管理工作还存在一些问题，如缺乏清晰的知识产权战略和阶段目标；对申报的知识产权市场属性认识不足，重视程度不高，大多为了完成项目、评科技成果奖或职称用，撰写的出发点不正确；由于专职人员少，专利检索和分析工作开展得还不够、作用弱，技术创新助力效果不明显、高价值的专利更少；申报知识产权的专业性不够强，缺乏整体系统性布局，未能形成专利群；专利权利质量不高，要求保护范围小、不严密，易于被对手绕开规避；知识产权的评级评估工作还有待加强。因此，学校的知识产权管理水平有待进一步提升。

三、体系建立

《高等学校知识产权管理规范》（以下简称《规范》）的实施，对我国高校科技成果创新，推动高校世界一流大学、一流学科建设，切实增强高校服务经济社会发展能力、服务国家需求有极其重要而深远的意义。《规范》通过将知识产权工作与高校的人才培养、科学研究、社会服务工作进行统筹管理，引导高校建立系统规范的、适合高校特点的知识产权管理体系，实现知识产权全过程管理，体现了以专利信息利用提升科技创新能力，以创新成果产权化和市场化促进其价值实现的导向。在校领导的支持下，学校将知识产权管理体系建设正式提上议程。

学校建设知识产权管理体系的指导思想是，坚持产学研用相结合，促进知识产权创造与应用，根据市场需要，确定保护重点和保护策略，通过促进学校科研更好地服务国家建设，提升学校的科研水平，建立适合高等学校特点的知识产权管理体系。

学校体系建设目标是规范学校科技创新和知识产权管理，建立与健全各项规章制度和有效的运行机制，在学校的各个层面实施知识产权标准化管理；提高发明专利的申请质量，对创新的核心技术形成围绕核心专利的专利群；进一步加强宣传培训，实现员工知识产权培训率达90%以上，让大多数员工认识到知识产权的重要性并参与到知识产权工作中；制定完善符合学校发展的知识产权战略及知识产权预警机制；推进科技创新的应用和转化，使学校创造活力增强，创新成果得到尊重和保护，创新投入得到回报，创新效益充分体现。

1. 确立知识产权管理组织架构

学校知识产权管理体系建设的主要内容为：成立知识产权管理委员会、聘请有经验的专业辅导机构、召开启动大会、诊断调研分析、体系文件编写等。

学校知识产权管理委员会，由校长任主任，主管副校长为副主任，成员包括各院系、科研处、图书馆、技术转移中心、人事处、实验室与资产管理处等部门或机构负责人。主要职责为拟定与学校人才培养、科学研究、社会服务、文化传承相适应的长期、中期和短期目标；审核知识产权政策；审核知识产权工作规划并监督执行；协调知识产权管理各相关部门的关系。

根据学校的实际情况，学校指定技术转移中心为知识产权管理机构，配备了专职知识产权管理人员、专利工作者、专利评估师兼职人员等。学校建立了以图书馆为主，以外聘知识产权服务机构为辅的知识产权服务支撑机构。各院系和重要项目组配备了知识产权管理人员。另外，在校内和校外聘请知识产权顾问，为学校知识产权重大事务的决策提供咨询意见。

2. 聘请专业辅导机构

学校聘请了专业辅导机构对知识产权管理体系建设工作进行指导。主要内容包括：协助学校开展知识产权管理体系的调查诊断、分析建议、手册、程序文件、记录表单编写、人员培训、内部审核等工作。在此过程中，专业辅导机构对学校知识产权管理体系提出了许多建设性意见。

3. 召开贯标启动大会

召开知识产权管理体系建设启动大会，会议明确了知识产权管理体系方针、目标和知识产权管理体系贯标、认证工作目的及要求，并对《规范》进行解读。

4. 诊断调研分析

诊断分析环节十分重要，主要内容为：学校科研创新的使命、贯标工作目的和整体方案、需要和认证公司沟通的事项、学校的组织架构、知识产权贯标自评情况、各部门工作概况及职责分工、贯标工作的节点要求以及完成形式、涉及知识产权工作的规章制度梳理、拟定知识产权方针、目标；编制手册、程序文件、记录表单等。诊断内容是相互关联的，因此诊断过程和内容实际是相互交替、反复迭代的过程。

5. 体系文件编写

根据知识产权体系要素，在现有制度、办法基础上进行增加和完善，主要是对现行有效的管理运行表单记录进行内容增补。这种方式对体系涉及部门工作影响最小，新体系更容易被业务部门接纳执行。从后期梳理制度办法，并结合要编制的程序文件及运行结果来看，这样做是正确的。通过宣传和贯彻，学校教职工对各个体系文件的要求有了全面认识和深入理解。

四、体系实施

学校校长亲自颁布《知识产权管理手册》，并自颁布之日起生效，标志着学校知识产权管理体系正式实施运行。在知识产权管理体系的实施过程中，学校教职工认真按照《规范》和各项管理制度的要求贯彻实施，解决了知识产权管理工作中的一些实际问题。

为确保知识产权管理体系有效实施，在体系运行2个月后，学校组织开展了知识产权管理体系内部评审工作，全面检查了知识产权管理体系覆盖的各个部门、各个环节的运行情况，并加强对各部门的监督与指导，要求严格按照管理体系的要求实施管理，确保落实到位。

为了确保知识产权管理体系的适宜性和有效性，体系运行3个月后，学校组织开展了知识产权管理体系管理评审工作，整体评价体系建设的全面性、适宜性以及运行过程的有效性，并对知识产权方针和目标进行评议，确保其符合学校的战略定位与发展目标。目前，学校已顺利通过中知（北京）认证有限公司的第三方认证审核。

五、经验分享

知识产权贯标认证工作的开展以及知识产权管理体系的运行实施，是学校在管理机制创新上的积极探索。通过贯标工作，加快建立了学校知识产权管理体系，持续提高知识产权创造、运用、保护和管理能力，稳步提升了学校知识产权转化效益，增强了学校创新科技成果的核心竞争力。

1. 知识产权创造方面

学校重点开展了科研项目全过程的专利分析工作。结合专利或科研项目，在科研项目或拟申请的专利中开展专利检索分析，技术动向调查、技术途径分析、技术分类体系确立、技术生命周期分析、技术图谱分析、核心技术布局分析、目标市场侵权风险调查及预警、目标市场机会分析、主要竞争对手分析、重点技术侵权分析与预警、海外专利申请策略分析等，同时给出专利价值分析结果。这些工作，给学校有关科研项目进行技术途径梳理、技术生命周期分析、技术创新、竞争对手与合作伙伴识别、专利挖掘、知识产权风险控制等带来很大帮助。

2. 知识产权运用方面

学校重点建立了知识产权价值评估体系，并实施分级管理。针对项目特点制定不同的知识产权运营策略。技术转移中心作为学校知识产权运营机构，编制了知识产权实施、许可、转让相关的控制程序，组织牵头建立知识产权资产统计、分析体系；建立知识产权资产评价体系，学校作为让与方根据知识产权评估原则对知识产权进行价值评估；对知识产权资产分析后确定是重大知识产权的，提出重大知识产权资产处置方案；参与重大项目的知识产权布局、知识产权运营的日常工作等。

学校在科研成果产业化方面得到蓬勃发展，获得大量具有自主知识产权的创新成果，许多成果在生产中取得较为显著的经济和社会效益。

3. 知识产权管理方面

学校重点加强了知识产权管理机构的建设。技术转移中心作为学校的知识产权管理机构，主要负责确定学校涉及的知识产权种类，专利权、商标权、著作权（含计算机软件著作权）、商业秘密等；组织相关单位实施知识产权目标；建立知识产权绩效评价体系；知识产权服务机构的遴选、协调、监督、考核；知识产权信息的收集、筛选、分析加工和运用；技术的转移转化管理（许可、转让等）；项目全过程的知识产权管理等。此外，技术转移中心还需协助教务处开展本科生的知识产权培训，协助研究生院开展研究生发表论文、学位答辩、学术交流、专利申请前的知识产权审查工作，协助人事处开展入职、离职人员相应知识产权信息及权属管理，协助实验室与资产管理处开展涉密设备管理及招投标中知识产权的管理等工作。目前，学校有2名专职知识产权管理人员，专利工作者3名，专利评估师兼职人员10名。但是，由于目前体制、机制的限制，学校知识产权的专职管理人员较少，因此《规范》要实施起来可能还有一段艰难的路要走，从事相关工作的人员任重而道远。

（本文作者：李永光，费英，李奇芬，王啸；工作单位：上海电力大学）

主要参考文献

［1］周长玲．知识产权国际条约研究［M］．北京：中国政法大学出版社，2013．

［2］吴汉东．中国知识产权法律变迁的基本面向［J］．中国社会科学，2018（8）．

［3］张玉敏．知识产权法学［M］．北京：中国人民大学出版社，2010．

［4］中国科学技术信息研究所．中国科技论文的整体表现［R］．北京：中国科学技术信息研究所，2019．

附录 高等学校知识产权管理相关文件摘录汇编

本附录摘编了部分有关高等学校知识产权管理相关的政策法规文件，供读者参阅。

一、《中华人民共和国高等教育法》（2018年12月29日修正）

第六十三条 国家对高等学校进口图书资料、教学科研设备以及校办产业实行优惠政策。高等学校所办产业或者转让知识产权以及其他科学技术成果获得的收益，用于高等学校办学。

二、《中华人民共和国促进科技成果转化法》（2015年8月29日修订）

第十七条 国家鼓励研究开发机构、高等院校采取转让、许可或者作价投资等方式，向企业或者其他组织转移科技成果。

国家设立的研究开发机构、高等院校应当加强对科技成果转化的管理、组织和协调，促进科技成果转化队伍建设，优化科技成果转化流程，通过本单位负责技术转移工作的机构或者委托独立的科技成果转化服务机构开展技术转移。

第二十五条 国家鼓励研究开发机构、高等院校与企业相结合，联合实施科技成果转化。

研究开发机构、高等院校可以参与政府有关部门或者企业实施科技成果转化的招标投标活动。

第二十六条 国家鼓励企业与研究开发机构、高等院校及其他组织采取联合建立研究开发平台、技术转移机构或者技术创新联盟等产学研合作方式，共同开展研究开发、成果应用与推广、标准研究与制定等活动。

第四十三条 国家设立的研究开发机构、高等院校转化科技成果所获得的收入全部留归本单位，在对完成、转化职务科技成果做出重要贡献的人员给予奖励和报酬后，主要用于科学技术研究开发与成果转化等相关工作。

三、《高等学校知识产权保护管理规定》（中华人民共和国教育部令第3号）

第四条 高等学校知识产权保护工作的任务是：

（一）贯彻执行国家知识产权法律、法规，制定高等学校知识产权保护工作的方针、政策和规划；

（二）宣传、普及知识产权法律知识，增强高等学校知识产权保护意识和能力；

（三）进一步完善高等学校知识产权管理制度，切实加强高等学校知识产权保护工作；

（四）积极促进和规范管理高等学校科学技术成果及其他智力成果的开发、使用、转让和科技产业的发展。

第六条 各高等学校在知识产权保护工作中应当履行的职责是：

（一）结合本校的实际情况，制定知识产权工作的具体规划和保护规定；

（二）加强对知识产权保护工作的组织和领导，完善本校知识产权保护制度，加强本校知识产权工作机构和队伍建设；

（三）组织知识产权法律、法规的教育和培训，开展知识产权课程教学和研究工作；

（四）组织开展本校知识产权的鉴定、申请、登记、注册、评估和管理工作；

（五）组织签订、审核本校知识产权的开发、使用和转让合同；

（六）协调解决本校内部有关知识产权的争议和纠纷；

（七）对在科技开发、技术转移以及知识产权保护工作中有突出贡献人员予以奖励；

（八）组织开展本校有关知识产权保护工作的国际交流与合作；

（九）其他在知识产权保护工作中应当履行的职责。

第十六条　高等学校应建立知识产权办公会议制度，逐步建立健全知识产权工作机构。有条件的高等学校，可实行知识产权登记管理制度；设立知识产权保护与管理工作机构，归口管理本单位知识产权保护工作。暂未设立知识产权保护与管理机构的高等学校，应指定科研管理机构或其他机构担负相关职责。

第十八条　在科研活动中作出的职务发明创造或者形成的职务技术成果，课题负责人应当及时向本校科研管理机构（知识产权管理机构）提出申请专利的建议，并提交相关资料。

高等学校的科研管理机构应当对课题负责人的建议和相关资料进行审查，对需要申请专利的应当及时办理专利申请，对不宜申请专利的技术秘密要采取措施予以保护。

第十九条　高等学校应当规范和加强有关知识产权合同的签订、审核和管理工作。

高等学校及其所属单位与国内外单位或者个人合作进行科学研究和技术开发，对外进行知识产权转让或者许可使用，应当依法签订书面合同，明确知识产权的归属以及相应的权利、义务等内容。

高等学校的知识产权管理机构负责对高等学校及其所属单位签订的知识产权合同进行审核和管理。

第二十条　高等学校所属单位对外进行知识产权转让或者许可使用前，应当经学校知识产权管理机构审查，并报学校批准。

第二十一条　高等学校的教职员工和学生凡申请非职务专利，登记非职务计算机软件的,以及进行非职务专利、非职务技术成果以及非职务作品转让和许可的,应当向本校知识产权管理机构申报,接受审核。对于符合非职务条件的,学校应出具相应证明。

第二十二条　高等学校要加强科技保密管理。高等学校的教职员工和学生,在开展国内外学术交流与合作过程中,对属于本校保密的信息和技术,要按照国家和本校的有关规定严格保密。

高等学校对在国内外科技展览会参展的项目应当加强审核和管理、做好科技保密管理工作。

第二十三条　高等学校应当重视开展知识产权的资产评估工作,加强对知识产权资产评估的组织和管理。

高等学校对外进行知识产权转让、许可使用、作价投资入股或者作为对校办科技产业的投入,应当对知识产权进行资产评估。

第二十四条　高等学校可根据情况逐步实行知识产权保证书制度,与有关教职员工和学生签订保护本校知识产权的保证书,明确保护本校知识产权的义务。

第二十八条　高等学校应当根据实际情况,采取有效措施,对知识产权的保护、管理工作提供必要的条件保障。高等学校应拨出专款或从技术实施收益中提取一定比例,设立知识产权专项基金,用于支持补贴专利申请,维持和知识产权保护方面的有关费用。对知识产权保护与管理做出突出贡献的单位和个人,高等学校应给予奖励,并作为工作业绩和职称评聘的重要参考。

四、国家知识产权试点示范高校建设工作方案(试行)(2020年3月22日发布)

(三)总体目标。

强化高校知识产权高质量创造、高效益运用、高标准保护、高水平管理能力建设,建设50家左右凸显知识产权综合能力的示范高校,培育一批彰显知识产权特色和优势的试点高校，在若干关键核心技术领域形成一批高价值知识产权组合，培养一批既了解高校科研管理又熟悉知识产权管理和运营的高水平人才队伍，知识产权推动高校创新发展的动力明显增强，支撑高校高质量发展的价值充分显现，对建设世界一流大学、一流学科的贡献度显著增长。

二、主要任务

示范高校应全面提升知识产权高水平管理、高质量创造、高效益运用、高标准保护能力，形成知识产权综合优势。试点高校应基于自身基础和发展战略，以知识产权管理能力提升为基础，在知识产权"质量、效益、保护"任一方面形成专项特色或综合优势。

（一）着力提升知识产权高水平管理能力。

1. 健全知识产权管理协调机制。建立健全校党委常委会、校长、知识产权管理委员会（科技成果转移转化工作领导小组）、知识产权管理机构、知识产权运营机构、院系、项目组等多层级联动的知识产权管理体系，加强知识产权服务支撑机构建设，完善校主要领导负责、各部门分工合作的知识产权统筹协调工作机制，已成立科技成果转移转化工作领导小组的高校，应进一步优化职能，将知识产权管理工作一并纳入科技成果转移转化工作领导小组职责。知识产权管理机构要配备充足的专职人员承担知识产权管理工作。

2. 强化知识产权全流程管理。贯彻实施《高等学校知识产权管理规范》（GB/T 33251—2016）国家标准，结合高校知识产权管理现状和需求，明确与高校战略目标相一致的知识产权工作目标，建立科学、规范、系统的知识产权管理体系，确保知识产权管理活动的适宜性和有效性。建立健全知识产权文件管理、组织管理、资源管理、获取、运用、保护、资产、检查和改进等制度。

3. 强化高校绩效考核的知识产权导向。倡导建立知识产权转化运用与职称评定、岗位聘任、人才评价、绩效考核等相挂钩的评价指标体系，突出创新成果知识产权转化运用的结果导向和实绩导向，将知识产权绩效评价纳入高校绩效考评的指标。以质量为导向优化调整知识产权资助和奖励政策，推动建立专利申请费、授权费和维护费等各项费用的后补偿机制。优化知识产权管理人员、运营人员、知识产权专员的人才培养、使用和评价体系，拓展发展空间。

（二）着力提升知识产权高质量创造能力。

1. 建立专利导航工作机制。建立专利导航工作体系和管理制度，在科学研究、产业规划和专利运营等工作中，通过专利信息深度挖掘和有效运用，明晰产业发展格局、技术创新方向和研发路径，提高研发创新起点，做好专利精准布局，大力推行以获取产权为目标的技术创新。参照《产业规划类专利导航项目实施导则（暂行）》和专利导航指南、标准等实务规范，选取2个以上重点学科、重大科研项目开展专利导航工作实践，充分发挥高校知识产权信息中心、图书馆等信息服务部门和知识产权专员队伍作用，为专利全寿命周期管理提供服务支撑。

2. 在关键技术领域培育一批高价值知识产权组合。强化高校优势特色学科与产业发展深度融合，面向国家战略需求重点领域、战略性新兴产业，协同企业、科研机构等开展订单式研发、投放式创新。围绕人工智能、智能制造、生物医药、半导体等世界科技前沿和制约我国发展的"卡脖子"技术，依托国家重大科技产业项目、重点研发计划，提早谋划知识产权运营策略与规划，开展重大基础核心专利和软件著作权、植物新品种权布局，培育一批战略性高价值知识产权组合，形成与高校创新能力、技术市场前景相匹配的知识产权储备。

3. 建立知识产权质量管控和转化评估机制。建立由研发、知识产权管理、知识产权运营、市场开发、知识产权信息服务、法律服务、代理服务等多方组成的知识产权质量管控和转化评估团队。在技术交底、代理沟通、申请提交、保护维权等环节建立质量评价反馈机制，提升高校知识产权的权利稳定性。建立职务发明披露和评估机制，根据商业化前景确定知识产权布局方式，提早研究制定转化策略并进行市场推广。经评估认定难以转化或不具备商业化前景的，可按照合同自治原则，约定由科研团队自行申请、拥有并处置知识产权。

（三）着力提升知识产权高效益运用能力。

1. 探索知识产权承接转移新模式。根据高校创新条件和发展的客观情况，加强高校科研、财务、法务、资产、信息服务、产业等部门的协同联动，倡导建立知识产权管理、技术转移转化、投资经营等功能为一体的知识产权承接转移模式。积极推动高校知识产权许可和转让，其中许可应明确许可的方式、范围、期限等，要充分发挥技术经纪人作用，加强科研项目成果的承接转移。探索建立市场化的知识产权运营中心，集成产业、资本和服务资源，促进知识产权投资孵化和高端运营。鼓励高校在优势学科领域牵头组建产业知识产权联盟，构建和运营专利池，推进知识产权打包许可和协同运用。

2. 完善知识产权收益分配激励机制。落实赋予高校知识产权管理运用自主权，完善职务发明收益分配制度，建立兼顾学校、院系、科研团队、运营团队各方利益的知识产权收益分配激励机制。稳步推进科技成果产权改革试点，对于接受企业、其他社会组织委托项目形成的职务发明，允许合同双方自主约定知识产权归属和使用、收益分配等事项；合同未约定的，职务发明由项目承担单位自主处置，允许赋予科研人员所有权或长期使用权。对利用财政资金形成的职务发明，由高校按照权利与责任对等、贡献与回报匹配的原则，在不影响国家安全、国家利益、社会公共利益的前提下，探索赋予科研人员所有权或长期使用权。

3. 建立效益导向的知识产权分级分类管理机制。对知识产权质量、技术先进性、市场应用前景等方面进行综合分析和评估，形成分级分类的知识产权清单，并予以分级分类管理。鼓励高校创新知识产权许可模式，盘活存量闲置专利等知识产权，依托国家知识产权运营公共服务平台及有关运营中心，发布和推广高校授权后三年无正当理由未实施的专利等知识产权，在一定时期内向社会免费许可。

（四）着力提升知识产权高标准保护能力。

1. 加强高校知识产权的规范使用。规范使用校名、校标、校徽、域名及有关服务标记，确保高校品牌在推广传播过程中不断提升价值。规范著作权使用和管理，加强学位论文和毕业设计的查重检测工作，在符合保密要求的前提下，明确教职员工和学生在发表论文时标注主要参考文献、利用国家重大科研基础设施和大型科研仪器情况的要求。加强合同中的知识产权管理，特别是在许可或转让知识产权过程中应签订书面合同，明确合同相关方的权利和义务。

2. 有效管理高校知识产权资产。高校应将知识产权纳入资产管理体系，建立知识产权资产评价和统计分析体系，科学核算和管理高校知识产权资产，完善高校知识产权资产处置机制，有效维护高校知识产权权利稳定，充分体现高校创新成果的知识产权资产价值，确保高校资产保值增值。

3. 提升知识产权风险防范能力。及时发现和监控知识产权侵权风险，制定有效的风险规避方案，加强知识产权信用建设，建立知识产权纠纷应对机制，运用行政裁决、司法诉讼、仲裁、调解等多元化的争议解决方式，降低对高校声誉的不良影响。加强学术交流中的知识产权管理，避免高校知识产权流失。

五、《教育部 国家知识产权局 科技部关于提升高等学校专利质量促进转化运用的若干意见》（教科技〔2020〕1号）

二、重点任务

（一）完善知识产权管理体系

1. 健全知识产权统筹协调机制。高校要成立知识产权管理与运营领导小组或科技成果转移转化领导小组，统筹科研、知识产权、国资、人事、成果转移转化和图书馆等有关机构，积极贯彻《高校知识产权管理规范》（GB/T 33251—2016），形成科技创新和知识产权管理、科技成果转移转化相融合的统筹协调机制。已成立科技成果转移转化领导小组的高校，要将知识产权管理纳入领导小组职责范围。

2. 建立健全重大项目知识产权管理流程。高校应将知识产权管理体现在项目的选题、立项、实施、结题、成果转移转化等各个环节。围绕科技创新2030重大项目、重点研发计划等国家重大科研项目，探索建立健全专利导航工作机制。在项目立项前，进行专利信息、文献情报分析，开展知识产权风险评估，确定研究技术路线，提高研发起点；项目实施过程中，跟踪项目研究领域工作动态，适时调整研究方向和技术路线，及时评估研究成果并形成知识产权；项目验收前，要以转化应用为导向，做好专利布局、技术秘密保护等工作，形成项目成果知识产权清单；项目结题后，加强专利运用实施，促进成果转移转化。鼓励高校围绕优势特色学科，强化战略性新兴产业和国家重大经济领域有关产业的知识产权布局，加强国际专利的申请。

3. 逐步建立职务科技成果披露制度。高校应从源头上加强对科技创新成果的管理与服务，逐步建立完善职务科技成果披露制度。科研人员应主动、及时向所在高校进行职务科技成果披露。高校要提高科研人员从事创新创业的法律风险意识，引导科研人员依法开展科技成果转移转化活动，切实保障高校合法权益。未经单位允许，任何人不得利用职务科技成果从事创办企业等行为。涉密职务科技成果的披露要严格遵守保密有关规定。

（二）开展专利申请前评估

4. 建立专利申请前评估制度。有条件的高校要加快建立专利申请前评估制度，明确评估机构与流程、费用分担与奖励等事项，对拟申请专利的技术进行评估，以决定是否申请专利，切实提升专利申请质量。评估工作可由本校知识产权管理部门（技术转移部门）或委托市场化机构开展。对于评估机构经评估认为不适宜申请专利的职务科技成果，因放弃申请专利而给高校带来损失的，相关责任人已履行勤勉尽责义务、未牟取非法利益的，可依法依规免除其放弃申请专利的决策责任。对于接受企业、其他社会组织委托项目形成的职务科技成果，允许合同相关方自主约定是否申请专利。

5. 明确产权归属与费用分担。允许高校开展职务发明所有权改革探索，并按照权利义务对等的原则，充分发挥产权奖励、费用分担等方式的作用，促进专利质量提升。发明人不得利用财政资金支付专利费用。

专利申请评估后，对于高校决定申请专利的职务科技成果，鼓励发明人承担专利费用。高校与发明人进行所有权分割的，发明人应按照产权比例承担专利费用。不进行所有权分割的，要明确专利费用分担和收益分配；高校承担全部专利费用的，专利转化取得的收益，扣除专利费用等成本后，按照既定比例进行分配；发明人承担部分或全部专利费用的，专利转化取得的收益，先扣除专利费用等成本，其中发明人承担的专利费用要加倍扣除并返还给发明人，然后再按照既定比例进行分配。

专利申请评估后，对于高校决定不申请专利的职务科技成果，高校要与发明人订立书面合同，依照法定程序转让专利申请权或者专利权，允许发明人自行申请专利，获得授权后专利权归发明人所有，专利费用由发明人承担，专利转化取得的收益，扣除专利申请、运维费用等成本后，发明人根据约定比例向高校交纳收益。

（三）加强专业化机构和人才队伍建设

6. 加强技术转移与知识产权运营机构建设。支持有条件的高校建立健全集技术转移与知识产权管理运营为一体的专门机构，在人员、场地、经费等方面予以保障，通过"国家知识产权试点示范高校""高校科技成果转化和技术转移基地""高校国家知识产权信息服务中心"等平台和试点示范建设，促进技术转移与知识产权管理运营体系建设，不断提升高校科技成果转移转化能力。鼓励各高校探索市场化运营机制，充分调动专业机构和人才的积极性。

支持市场化知识产权运营机构建设，为高校提供知识产权、法律咨询、成果评价、项目融资等专业服务。鼓励高校与第三方知识产权运营服务平台或机构合作，并从科技成果转移转化收益中给予第三方专业机构中介服务费。鼓励高校与地方结合，围绕各地产业规划布局和高校学科优势，设立行业性的知识产权运营中心。

7. 加快专业化人才队伍建设。支持高校设立技术转移及知识产权运营相关课程，加强知识产权相关专业、学科建设，引育结合打造知识产权管理与技术转移的专业人才队伍，推动专业化人才队伍建设。鼓励高校组建科技成果转移转化工作专家委员会，引入技术经理人全程参与高校发明披露、价值评估、专利申请与维护、技术推广、对接谈判等科技成果转移转化的全过程，促进专利转化运用。

8. 设立知识产权管理与运营基金。支持高校通过学校拨款、地方奖励、科技成果转移转化收益等途径筹资设立知识产权管理与运营基金，用于委托第三方专业机构开展专利导航、专利布局、专利运营等知识产权管理运营工作以及技术转移专业机构建设、人才队伍建设等，形成转化收益促进转化的良好循环。

（四）优化政策制度体系

9. 完善人才评聘体系。高校要以质量和转化绩效为导向，更加重视专利质量和转化运用等指标，在职称晋升、绩效考核、岗位聘任、项目结题、人才评价和奖学金评定等政策中，坚决杜绝简单以专利申请量、授权量为考核内容，加大专利转化运用绩效的权重。支持高校根据岗位设置管理有关规定自主设置技术转移转化系列技术类和管理类岗位，激励科研人员和管理人员从事科技成果转移转化工作。

10. 优化专利资助奖励政策。高校要以优化专利质量和促进科技成果转移转化为导向，停止对专利申请的资助奖励，大幅减少并逐步取消对专利授权的奖励，可通过提高转化收益比例等"后补助"方式对发明人或团队予以奖励。

六、《高校知识产权信息服务中心建设实施办法》（国知办发规字〔2017〕62号）

第二条 高校知识产权信息服务中心（以下简称"知识产权信息中心"）是由高校设立并开展知识产权信息服务和人才培养等工作的机构。知识产权信息中心为高校知识产权的创造、运用、保护和管理提供全流程的服务，支撑高校协同创新和优势学科建设，促进高校科技成果转化。

第五条 知识产权信息中心一般设立在高校图书馆。所在高校是知识产权信息中心的建设单位，负责建立健全知识产权信息中心的管理机构，配备专职人员，制定日常管理办法，负责相关基础设施建设及条件保障。知识产权信息中心主要负责人由所在高校任命。

第八条 知识产权信息中心开展工作包括：

（一）承担高校知识产权信息及相关数据文献情报的收集、整理、分析工作；

（二）建设和维护高校知识产权信息资源平台，应用知识产权信息相关技术，有条件的可进行知识产权信息分析工具的开发；

（三）为高校知识产权管理体系建立完善、知识产权重大事务和重大决策提供咨询、建议；

（四）支持高校优势学科建设，配合高校知识产权管理机构提供重大科研项目的知识产权信息服务；

（五）参与高校产学研协同创新，协助高校知识产权的资产管理和运营，促进高校知识产权转移转化；

（六）承担高校知识产权信息相关培训，壮大信息服务人才队伍，开展知识产权信息素养教育，宣讲普及知识产权信息知识及技能；

（七）为高校师生开展知识产权信息分析、创新活动提供实践场地和专业指导，参与高校知识产权教学研究、人才培养和国际交流等活动；

（八）发挥信息资源和人才优势，为地方经济产业发展提供知识产权信息服务；

（九）承担各级知识产权管理部门、教育管理部门委托的工作。

第十条 申报建设高校国家知识产权信息服务中心的基本条件：

（一）高校领导高度重视知识产权工作，对知识产权信息服务中心建设给予人员支持和经费保障。

（二）拥有知识产权信息服务工作团队，人员业务素质强，已结合本校实际开展知识产权信息服务工作。团队人员在10名以上（含10名），其中5名以上（含5名）具备科技查新工作经验并接受过系统的知识产权信息培训，从事过 3 年以上知识产权信息服务的人员不少于 2 人，具有高级专业技术职称的不少于 2 人，具有本校优势学科专业背景人员不少于 2 人。

（三）具有知识产权相关的国内外文献资源、数据库、信息分析工具和基础设施，具备运用资源和工具开展知识产权信息服务的能力。

（四）组织管理机制完善，有健全的内部管理规章制度，已建立知识产权管理制度和服务工作体系。

第十一条 在同等条件下，具备以下条件的优先考虑：

（一）高校具有科技查新工作机构，或具有有关部委、全国行业协会认可的类似机构。

（二）高校具有获得知识产权相关的国家专业技术人才知识更新工程证书或国家知识产权局、教育部认可的其他证书的人员。

（三）高校设有国家知识产权培训基地或府相关部门认可的其他机构。

（四）高校已贯彻实施《高等学校知识产权管理规范》国家标准。

（五）高校建立了知识产权信息中心经费投入增长机制。

（六）高校已有知识产权信息服务典型案例。

七、《关于强化实施创新驱动发展战略进一步推进大众创业万众创新深入发展的意见》（国发〔2017〕37 号）

进一步拓展创新创业的覆盖广度，着力推动创新创业群体更加多元，发挥大企业、科研院所和高等院校的领军作用，有效促进各类市场主体融通发展；进一步提升创新创业的科技内涵，着力激发专业技术人才、高技能人才等的创造潜能，强化基础研究和应用技术研究的有机衔接，加速科技成果向现实生产力转化，有效促进创新型创业蓬勃发展；

八、《国家创新驱动发展战略纲要》（中发〔2016〕4 号）

2. 建设世界一流大学和一流学科。加快中国特色现代大学制度建设，深入推进管、办、评分离,扩大学校办学自主权,完善学校内部治理结构。引导大学加强基础研究和追求学术卓越,组建跨学科、综合交叉的科研团队,形成一批优势学科集群和高水平科技创新基地,建立创新能力评估基础上的绩效拨款制度,系统提升人才培养、学科建设、科技研发三位一体创新水平。增强原始创新能力和服务经济社会发展能力,推动一批高水平大学和学科进入世界一流行列或前列。

九、《国务院办公厅关于印发促进科技成果转移转化行动方案的通知》(国办发〔2016〕28号)

6. 支持高校和科研院所开展科技成果转移转化。组织高校和科研院所梳理科技成果资源,发布科技成果目录,建立面向企业的技术服务站点网络,推动科技成果与产业、企业需求有效对接,通过研发合作、技术转让、技术许可、作价投资等多种形式,实现科技成果市场价值。引导有条件的高校和科研院所建立健全专业化科技成果转移转化机构,明确统筹科技成果转移转化与知识产权管理的职责,加强市场化运营能力。在部分高校和科研院所试点探索科技成果转移转化的有效机制与模式,建立职务科技成果披露与管理制度,实行技术经理人市场化聘用制,建设一批运营机制灵活、专业人才集聚、服务能力突出、具有国际影响力的国家技术转移机构。

8. 构建多种形式的产业技术创新联盟。围绕"中国制造2025"、"互联网+"等国家重点产业发展战略以及区域发展战略部署,发挥行业骨干企业、转制科研院所主导作用,联合上下游企业和高校、科研院所等构建一批产业技术创新联盟,围绕产业链构建创新链,推动跨领域跨行业协同创新,加强行业共性关键技术研发和推广应用,为联盟成员企业提供订单式研发服务。支持联盟承担重大科技成果转化项目,探索联合攻关、利益共享、知识产权运营的有效机制与模式。

十、《中共中央 国务院关于深化体制机制改革加快实施创新驱动发展战略的若干意见》（中发〔2015〕8号）

（十八）改革高等学校和科研院所科研评价制度

强化对高等学校和科研院所研究活动的分类考核。对基础和前沿技术研究实行同行评价，突出中长期目标导向，评价重点从研究成果数量转向研究质量、原创价值和实际贡献。

（二十）建立高等学校和科研院所技术转移机制

逐步实现高等学校和科研院所与下属公司剥离，原则上高等学校、科研院所不再新办企业，强化科技成果以许可方式对外扩散。

加强高等学校和科研院所的知识产权管理，明确所属技术转移机构的功能定位，强化其知识产权申请、运营权责。

建立完善高等学校、科研院所的科技成果转移转化的统计和报告制度，财政资金支持形成的科技成果，除涉及国防、国家安全、国家利益、重大社会公共利益外，在合理期限内未能转化的，可由国家依法强制许可实施。

十一、关于进一步加强职务发明人合法权益保护 促进知识产权运用实施的若干意见（国知发法字〔2012〕122号）

（五）支持职务发明人受让单位拟放弃的知识产权。国家设立的高等院校、科研院所拟放弃其享有的专利权或者其他相关知识产权的，应当在放弃前一个月内通知职务发明人。职务发明人愿意受让的，可以通过与单位协商，有偿或者无偿获得该专利权或者相关知识产权。单位应当积极协助办理权利转让手续。

（六）鼓励职务发明人积极参与知识产权的运用与实施。国家设立的高等院校、科研院所就职务发明获得知识产权后，无正当理由两年内未能运用实施的，职务发明人经与单位协商约定可以自行运用实施。职务发明人因此获得的收益，应当按照约定以适当比例返还单位。

（十三）将与职务发明知识产权相关要素纳入考评范围。鼓励高等院校、科研院所在评定职称、晋职晋级时，将科研人员从事知识产权创造、运用及实施的情况纳入考评范围，同等条件下予以优先考虑。

十二、《教育部 科技部关于进一步加强地方高等学校科技创新工作的若干意见》（教技〔2006〕3号）

六、大力加强产学研合作，推动成果转化和产业化

14. 推动地方高校和企业在科技创新和人才培养方面的合作。地方高校承担的国家科技计划项目，企业参与联合投入的，允许企业优先获得成果转化权和使用权。地方高校要积极申请和承担政府及企业的科技项目，特别是重大关键共性技术的研究开发和推广应用，强化社会服务功能。鼓励地方高校与企业共建实验室、工程研究中心、研究开发联盟等研究机构，鼓励地方高校的教师和学生参与企业的科技创新活动，加速科技成果在企业中的推广和应用。

15. 进一步完善技术转让、技术转移机制。地方高校要加强科技创新与地方经济发展相结合，充分利用大学科技园等科技成果转化平台，推动技术转让与转移及产业化工作，形成地方高校科技创新的特色与优势。按照地方相关政策规定，自主制订有关鼓励技术发明、转让的规定，调动师生从事科技创新的积极性。

十三、《教育部关于积极发展、规范管理高校科技产业的指导意见》（教技发〔2005〕2号）

2. 高校发展科技产业，要坚持产学研结合和与社会相结合的原则。高校发展科技产业，要以转化高新技术成果并实现产业化为目的，重点孵化具有本校学科特色和优势、具有自主知识产权的科技成果和科技企业，也可以创办具有文化教育特色和智力资源优势的企业。要充分发挥大学科技园在促进高校科技成果转化和科技产业发展中的作用。有条件的高校，要努力将孵化成功的科技企业做强做大，并借助资本市场的力

量，搭建高校科技成果产业化的运作平台。

27. 各高校要制定相关政策，鼓励科研人员和教职工积极参与科技成果转化和产业化工作，并将参与该项工作的绩效作为评聘、任用教职员工的依据。要在学校和产业之间建立开放的人员流动机制，实行双向流动。今后高校可根据实际需要向企业委派技术骨干和主要管理人员，这部分人员仍可保留学校事业编制。在企业工作的学校事业编制人员的工资晋升、提拔任用、职务职称评聘等，要结合企业工作特点进行。

28. 高校今后主要以专利等技术成果出资参与创办科技企业。高校要加强对知识产权的保护和管理，正确处理学校、院系所、技术完成人及其他参与人员等各方面的关系，充分调动各方面人员参与科技成果转化和产业化的积极性。高校应依照国家法律、法规，鼓励和支持各种生产要素按贡献参与分配，积极探索和大胆尝试符合高校企业发展特点的薪酬制度和激励机制。

29. 高校应鼓励技术持有人和参与成果转化、产业化的主要人员，以及企业管理人员持有高校控、参股企业的股份。要按照国家有关政策，在以科技成果等无形资产投资入股企业时，给予技术持有人和其他主要人员不低于所占股权20%、原则上不超过50%的奖励。

十四、《教育部　国家知识产权局关于进一步加强高等学校知识产权工作的若干意见》（教技〔2004〕4号）

一、从战略高度认识和开展知识产权工作

2. 高等学校应将知识产权战略作为学校发展的重要战略，将知识产权工作纳入高等学校管理，特别是科研管理的全过程，提高知识产权工作地位。高等学校要加强知识产权战略的研究和知识产权管理制度建设，推动专利、植物新品种、计算机软件产品、集成电路布图设计等的申请、保护和实施。

二、加强知识产权组织机构和管理制度建设，全面提高知识产权管理水平

5. 健全知识产权组织机构，完善知识产权管理制度。高等学校要设立专门的知识产权管理机构，形成人员、场所、经费三落实和管理人员专业化的知识产权管理体系。建立完善知识产权管理的各项规章制度，包括组织机构、技术秘密审查、专利申请及保护、产权归属、档案管理、人员流动、奖励、人员培训等。

6. 设立知识产权专项资金，促进专利等知识产权的申请与保护。高等学校每年要拿出一定数额的补助经费，设立知识产权专项资金，作为专利等知识产权申请和维持的费用，特别是应用于鼓励一些重要发明成果在境外申请专利，以及对境外重要专利的保护。

7. 加强科技项目的知识产权管理，注重专利文献的利用。高等学校要把知识产权工作贯彻在科技项目管理的全过程，要将知识产权数量和质量作为项目的重要验收指标。重大科技项目要设立知识产权联络员，使其从立项开始就进行有效的知识产权管理。高等学校要建立专利数据库，加强专利文献的收集、检索和利用。要重视在立项申请阶段和研发过程中的专利查新，优先支持能够形成产生自主知识产权的项目，避免重复投入。

8. 推进知识产权和技术秘密的审查保护工作。高等学校应依法加强科技人员学术交流活动中知识产权的保护和管理工作，加强学术交流活动中涉及国家或本校知识产权内容的保密审查。规范论文发表前的保密性和专利性审查制度，避免发表论文导致泄密或使相应的专利申请丧失新颖性和创造性。科技人员在岗位变动和各种形式的国内外交流中应遵守国家法律、法规和本单位的有关规章制度，注意保守秘密，自觉维护国家、单位和个人的合法权益。

三、建立有效的激励机制，激发和保护高校科技人员发明创造的积极性

9. 强化知识产权的导向作用。高等学校在制定教师、科技人员和管理人员的业绩考核、奖励和职务聘任等业绩标准时，要把专利工作放在与承

担项目、发表论文和申报科技奖励等同等重要的位置。鼓励科技人员从事专利技术的开发工作，推动专利技术的转让和产业化。

10. 加大对发明人的奖励，保护发明人的权益。高等学校应按照国家有关规定，落实对职务发明创造的发明人的奖励。对在专利自己实施，以及专利许可、专利申请权和专利权转让、专利技术的折价入股中做出贡献的发明人、设计人和其他有关人员，应根据国家相关政策给予奖励。

五、健全知识产权服务体系，促进专利技术的保护和实施

15. 加强专利的信息交流，保护专利技术。支持高等学校充分利用各方面的力量，建立知识产权维权监督网络和专利信息交流网络体系，维护知识产权公平交易和实现产业化的信用环境。

16. 加强高等学校技术服务机构建设，促进专利技术的实施。强化专利管理与技术转移、科技成果产业化的结合，积极推进各种形式的专利实施。鼓励在部分大学设立专利技术评估、集成、孵化机构，促进专利实施，以实施促保护。

十五、《关于充分发挥高等学校科技创新作用的若干意见》（国发科政字〔2002〕202号）

四、大力推动高校技术转移及产业化

14. 加大国家对大学科技园、高校技术创新孵化服务网络等基础设施的支持力度。努力提高大学科技园等孵化机构为创新创业服务的质量和水平，创造社会资金与高校师生科技知识相结合、共同创业发展的良好环境和平台。

15. 推动高校成立技术转让机构。通过加强知识产权管理，促进专利申请工作。运用专利许可、技术转让、技术入股等各种方式推进高校所开发技术的扩散应用。允许高校遵照国家相关政策规定，自主制订有关鼓励技术发明、转让的规定，以调动高校师生从事科技创新的积极性。鼓励和支持高校师生兼职创业，处理好相关的知识产权、股权分配等问题，处理好兼职创业与正常教学科研的关系。